职业教育汽车类专业理实一体化教材
职业教育改革创新教材

汽车销售实务

第 2 版

主　编　王丽霞
副主编　毕　然　于天宝
参　编　曲雪苓　周建勋　姬东霞　陈　霞　李吉海
　　　　候　海　杨　娜　高大伟　郑百卉

机 械 工 业 出 版 社

本书主要面向汽车销售顾问岗位，针对汽车销售顾问应具备的知识、技能和职业素养，结合具体岗位实际工作过程，将汽车销售顾问岗位所涉及的理论知识与技能要求有机结合起来，实现了知识内容与职业能力要求的无缝衔接。

本书主要内容包括汽车销售概论（汽车销售环境认知、汽车销售岗位认知、汽车销售服务对象认知）、汽车销售流程（获取客户、到店接待、需求分析、车辆展示、试乘试驾、提供方案、后续跟进、洽谈成交、新车交付、客户维系）、汽车销售衍生服务（汽车金融服务、汽车销售其他服务）。本书配有二维码，使用手机扫码可以随时观看视频，进行在线自主学习和线下反复模仿练习，可快速提升实际工作中所需的职业技能。作为新形态教材，本书还配有独立成册的实训任务工单，每个实训项目都以实际工作情景为切入点，然后进行知识分解、制订计划、任务实施、任务检查、评价反馈，有理可依、有据可循，形成理实一体化的教学模式。

本书可作为职业院校汽车营销相关专业的教学用书，也可以作为汽车销售从业人员的培训教材。

图书在版编目（CIP）数据

汽车销售实务/王丽霞主编 . —2 版 . —北京：机械工业出版社，2023. 2
（2024. 8 重印）
职业教育汽车类专业理实一体化教材　职业教育改革创新教材
ISBN 978-7-111-72269-4

Ⅰ.①汽…　Ⅱ.①王…　Ⅲ.①汽车–销售–高等职业教育–教材
Ⅳ.①F766

中国版本图书馆 CIP 数据核字（2022）第 252559 号

机械工业出版社（北京市百万庄大街 22 号　邮政编码 100037）
策划编辑：于志伟　　　　　　　责任编辑：于志伟　马新娟
责任校对：张爱妮　王　延　封面设计：鞠　杨
责任印制：刘　媛
涿州市般润文化传播有限公司印刷
2024 年 8 月第 2 版第 2 次印刷
184mm×260mm · 12 印张 · 326 千字
标准书号：ISBN 978-7-111-72269-4
定价：52.00 元

电话服务　　　　　　　　网络服务
客服电话：010-88361066　　机 工 官 网：www.cmpbook.com
　　　　　010-88379833　　机 工 官 博：weibo.com/cmp1952
　　　　　010-68326294　　金 书 网：www.golden-book.com
封底无防伪标均为盗版　机工教育服务网：www.cmpedu.com

前言

　　本书是针对新形势下汽车后市场对高质量汽车销售人才的需求现状，结合职业院校及岗位特点，借鉴国内外先进的职业教育理念、模式和方法，采用基于工作过程的编写体例，以提升职业岗位能力为目的，结合中高端汽车品牌各销售企业的实际工作过程编写而成。

　　本书是由企业培训专家、一线骨干教师和学科带头人通过企业调研，对汽车营销与服务岗位群职业能力进行分析，研究总结汽车技术服务与营销专业人才培养方案，并在企业、行业专家指导下编写的。

　　本书坚持"以服务为宗旨，以就业为导向"的原则，突出了职业教育的特色。本书的主要特点如下：

　　1. 在编写理念上，根据职业院校学生的培养目标及认知特点，采用理论认知—实践锻炼—岗位对接的编写模式，突出"做中学，学中做"的教育理念。

　　2. 在编写内容上，以学习领域为引领，以学习单元为载体，循序渐进。教材体现"校企合作"，图文并茂、直观形象，易教宜学，并配有大量的视频资源，以二维码的形式嵌入书中，利于学生边学边练、边练边理解与巩固。

　　3. 在教学方法上，坚持理论与实践、知识学习与技能训练一体化，技能上力求满足企业岗位需要，理论上做到"适度、够用"。

　　本书由长春职业技术学院王丽霞担任主编（编写学习领域一、二，相应的实训任务工单、视频素材及全书的统稿），长春职业技术学院毕然、于天宝担任副主编（全书的图片选择、编辑与处理，视频的编辑），长春职业技术学院曲雪苓（礼仪视频录制）、周建勋、姬东霞（编写学习领域三及相应视频录制）、陈霞、李吉海、候海、杨娜、高大伟、郑百卉（编写实训任务工单）担任参编。在编写过程中参考了相关著作和文献资料，在此向有关作者表示真诚的感谢。

　　由于编者水平有限，书中难免有错漏之处，敬请读者批评指正。

编　者

二维码清单

名　　称	二 维 码	名　　称	二 维 码
01. 拨打电话礼仪		09. 需求分析	
02. 名片礼仪		10. 新车介绍：左前 45°	
03. 男士蹲姿		11. 新车介绍：正前方	
04. 女士蹲姿		12. 新车介绍：侧方	
05. 入座离座礼仪		13. 新车介绍：后方（尾部）	
06. 走姿礼仪		14. 新车介绍：后排及驾驶舱	
07. 销售中电话邀约		15. 新车介绍：发动机舱	
08. 展厅接待		16. 洽谈成交	

（续）

名　　称	二维码	名　　称	二维码
17. 送客户离店		19. 汽车金融服务推介 1	
18. 交车仪式		20. 汽车金融服务推介 2	

目 录

学习领域一　汽车销售概论

情境导入

　　该学习领域聚焦销售理论，提升销售人员基本职业素养，熟悉汽车销售工作环境（如红旗品牌体验中心见图1-1），深层次理解企业文化赋予工作成绩的内涵，把真实岗位的工作内容和工作职责赋能自我专业销售技能，掌握服务对象的购买行为过程和购买动机，销售工作中灵活、有针对性地应对客户购买心理活动，以客户为导向，在真实销售工作过程中，帮助客户成功做出购买选择和购买决策，提升客户的满意度和忠诚度。

图1-1　红旗品牌体验中心

学习单元一　汽车销售环境认知

情境导入

　　小尹大学毕业后，入职汽车销售4S店第一天，去人事部报到，人事部经理向其简要介绍了公司的组织架构，之后由销售经理向她介绍店内情况，并参观了公司的各个业务部门。之后销售经理给小尹布置了一份作业，要求小尹第二天晨会时间向同事们介绍店内工作环境、各区域功能及组织架构。

学习目标

目标名称	目标内容
理论知识	汽车销售4S店概述
	汽车销售4S店平面功能和组织架构
技术能力	能够绘制汽车销售4S店布局图并说出其功能
	能够阐述汽车销售4S店组织架构
职业素养	培养个人工作中作业区的7S管理能力
	培养个人工作积极态度

知识准备

一、汽车4S店概述

作为向汽车消费者提供销售和服务的终端，汽车4S店已经成为整车企业越来越重视和依靠的渠道模式。汽车4S店能为消费者提供舒适满意的服务与体验，如图1-2~图1-5所示。

图1-2 奥迪4S店外观

图1-3 宝马4S店外观

图1-4 4S店展厅内部效果图（一）

图1-5 4S店展厅内部效果图（二）

1. 汽车4S店的含义

汽车4S店是一种以"四位一体"为核心的汽车特许经营模式，包括整车销售（Sale）、零配件（Sparepart）、售后服务（Service）、信息反馈（Survey）。它拥有统一的外观形象、标志、管理标准，只经营单一的品牌。

2. 汽车4S店的特点

汽车4S店由全体人员向客户提供全方位高质量的服务，主要特点如下。

（1）全程服务与全员服务的结合　需要企业内部所有部门的员工都要为客户提供服务，技术性的服务由于其专业性所限制，只能由汽车专业技术人员负责，而销售服务则可由非技术人员负责。

（2）多层次有针对性的服务　汽车4S店的客户主要分为潜在客户和现实客户。对于潜在客户，应该通过各种途径了解他们的购车心理，关注其在意的购车因素，并给予他们最好的服务。对于现实客户，应该更多地关注他们已经留下的资料信息，给予他们更好的售后服务，这也是发掘潜在客户的一个重要途径。

（3）定点的服务　汽车的服务营销是在汽车市场或是售后服务中心进行的。只有专业的定点服务并配备齐全的设备和专业的技术，才能提供高质量的服务，使客户真正地满意与放心。

（4）对服务人员素质要求高　服务是一种无形的产品，它是否被客户认可，很大程度上取决于客户对提供服务人员的认可，不仅包括对他们的专业技术、技能的认可，也包括对他们的服务态度的认可。

3. 汽车4S店的优势

（1）信誉度好　汽车4S店有一系列的客户投诉、意见以及索赔的管理系统，能保证车主的权益。

（2）专业性强　"术业有专攻"，汽车4S店有厂家的系列培训和技术支持，对车辆的性能、技术参数、使用和维修方面都有严格的规范，做到了"专而精"。

（3）售后服务优　随着竞争的加剧，汽车4S店越发注重服务品牌的建立，在售后服务方面能够给车主提供有效的保障，消除车主的后顾之忧。

二、汽车销售4S店平面布置及功能

汽车4S店业务范围紧紧围绕4S展开，但随着消费者需求的不断增多，业务范围也不断扩展，展厅平面布置及功能也逐步增多。

汽车4S店的平面布置包括销售展厅、维修接待区、客户休息区、维修车间、配件库、精品展示区、二手车评估与置换区、行政管理办公区等。

（1）销售展厅（见图1-6）　该区域主要是完成需求分析、新车展示和谈判成交的功能，设有展示车位、总接待台、洽谈桌、儿童活动区域、精品展示、销售办公区等部分。该区域主要负责品牌车辆的展示、接待、销售工作，向客户介绍车型、技术参数、购买手续等，协助客户选到称心的车辆。

（2）维修接待区（见图1-7）　该区域的主要功能是接待进店进行维修和维护的客户。对维修车辆进行接待、登记、预检。该区域一般有2~3个工位，靠近维修车间，并能方便车辆预检完毕后直接进入维修车间，客户不允许在维修车间停留，应到客户休息区等待。

（3）客户休息区（见图1-8）　休息区要布置得舒适温馨，并配套咖啡吧、提供免费上网服务、配备影视屏幕、提供糖果小吃等，要求有一面玻璃墙，可以直接看到维修车间。

（4）维修车间（见图1-9）　该区域主要是对客户的车辆进行维护、事故车进行修理等。在维修车间里配有洗车位、修车位、修理用空间、工具间、废品库、车间管理办公室、空压机房和配电房等。

（5）配件库（见图1-10）　该区域主要负责零部件的销售、挑选和领用，有固定的货架和货位，配有配件管理办公室、车间领货的窗口和面向维修车间的发货窗口。

（6）精品展示区（见图1-11）　该区域是汽车销售增值专区，为客户提供个性化需求。

图1-6　销售展厅

图1-7　维修接待区

图1-8　客户休息区

图1-9　维修车间

图1-10　配件库

图1-11　精品展示区

（7）二手车评估与置换区（见图1-12）　该区域为消费者提供二手车评估与置换服务，促进新车销售。

（8）行政管理办公区（见图1-13）　该区域主要有行政财务办公室、接待室、会议室、培训教室等，一般这个区域的设置都会在楼上，这样更节省空间，方便客户。

图 1-12　二手车评估与置换区　　　　图 1-13　行政管理办公区

三、汽车销售 4S 店的组织架构

对于"四位一体"的汽车 4S 店的组织架构一般都是董事会下辖总经理负责制，一般设置如下部门：销售部、市场部、售后维修部、配件部、采购部、客服部、美容装潢部、二手车部、网络部、财务部及行政人事部。但是根据各店的实际情况，有的部门还有从属和合并的情况，但是作为一个标准的汽车 4S 店，不可或缺的组织架构如图 1-14 所示。

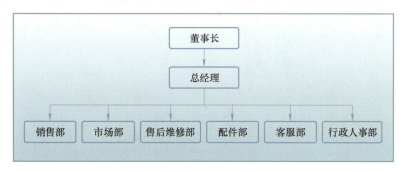

图 1-14　汽车 4S 店组织架构（一）

还有很多汽车 4S 店董事长负责制下设总经理，总经理下设若干部门经理，各自分管一个部门，结构和人员组成复杂详尽而有序，利于工作的合理分配和顺畅协调，保证汽车 4S 店正常运营，如图 1-15 所示。

技能训练

汽车 4S 店销售环境认知

1. 准备工作（见表 1-1）

表 1-1　汽车 4S 店销售环境认知的实训准备工作

场地准备	工具准备	课堂布置	教师、学生要求
智能化教室 1 间	U 盘 1 个/组	4~5 人/组，共计 4 组	着职业装
	白板纸		
	白板笔		
	多媒体教学触控一体机		

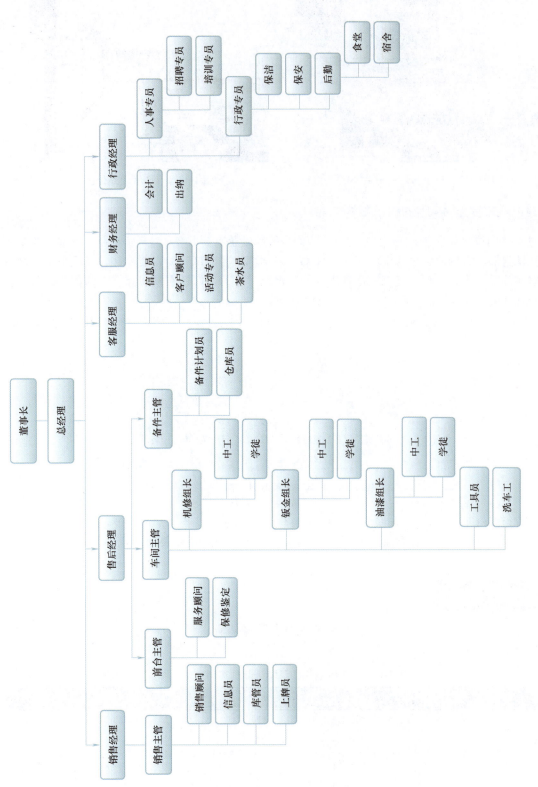

图 1-15　汽车 4S 店组织架构（二）

2. 分组活动

选择一家（或者几家）某品牌汽车 4S 店，了解其各岗位的工作过程及完成该工作过程需要哪些能力，填入表 1-2。

表 1-2　项目表

完成项目	完成项目具体内容
汽车 4S 店各岗位工作过程	
完成汽车 4S 店各岗位工作过程所需能力	

3. 小组内交流讨论

每个小组模拟一个汽车品牌的 4S 店，根据汽车 4S 店的岗位设置情况，小组内学生扮演各个岗位员工，某一岗位的扮演者与其他几位小组成员讨论该岗位工作流程及完成该岗位工作所需的能力，直至完成所有岗位工作流程及完成工作所需能力的讨论。最后每个岗位的扮演者整理出自己岗位相关内容，将结果呈现在白板纸上，交给小组汇报代表，小组代表完成该汽车品牌 4S 店各岗位工作流程及完成工作流程所需能力的 PPT 制作，最后由小组代表进行 PPT 展示。

4. 展示评比

小组代表进行 PPT 汇报，每个小组展示时间为 3min。结束后教师进行评价（见表 1-3），同时小组内自评、小组间进行互评（见表 1-4）。

5. 评价表（见表 1-3 和表 1-4）

根据各小组的表现，填写表 1-3 和表 1-4。

表 1-3　教师评价表

序号	评价标准	完成情况	
		是	否
1	PPT 制作精美，运用店内与所描述岗位相一致的图片或视频等		
2	工作业务流程介绍完整详细		
3	岗位职责描述清晰		
4	工作制度描述准确		
5	汽车 4S 店内组织架构和场地布置与所介绍工作流程紧密结合		

表 1-4　小组内自评、小组间互评表

序号	评价标准	分值	得分
1	掌握汽车 4S 店的含义	10	
2	能够准确并熟练选取汽车 4S 店内任意一种业务进行介绍	10	
3	能够在实地考察中仔细观察，并结合所学知识完成业务流程设计	30	
4	能够根据考察和所学知识，制作精美 PPT（图片质量、PPT 制作标准）	30	
5	汇报流畅自然	10	
6	能够运用符合商务礼仪的仪容仪表等，在小组成员面前展示，体现出个人风采	10	
	合计得分		

学习单元二　汽车销售岗位认知

 情境导入

　　客户王凯是一位公司老板，有一个正在大学读博士的女儿，妻子是大学教师，平日里他们喜欢打球、自驾游。现在用车为雷克萨斯，他们想再购买一辆奥迪，用来接待客户兼家用。他们来到了××奥迪4S店，销售冠军尹红新接待了他们并做了需求分析，向他们推荐了奥迪A8L这款车，并提供了合理的购车方案，带客户看车后，做了试乘试驾，之后客户很认可该车型，享受了优惠活动，成功订车。

　　作为专业的销售顾问，你觉得成功的销售人员应该具备哪些特征？

 **学习目标**

目标名称	目标内容
理论知识	成功销售顾问应具备的特征
	顾问式销售在汽车销售中的作用
技术能力	能够熟练展示成功销售顾问形象
	能够区分理解顾问式销售与一般销售的区别，并做一位专业的销售人员
职业素养	培养勤奋、刻苦、敬业的精神
	培养正确的人生观和价值观

 **知识准备**

一、成功销售顾问应具备的特征

　　成功销售顾问应该具备如图1-16中展现的特征。

1. 品牌与专业知识

　　汽车销售顾问必须具备全面的知识，能够建立顾客的信任度，并帮助他们建立倾向于自己所销售汽车产品的评价体系与评价标准。丰富的产品专业知识是汽车销售核心的素养，要想成为成功的汽车销售顾问，应注意掌握以下方面的知识：

　　1）汽车品牌的历史，该品牌在业界的地位与价值。对于国产汽车品牌如解放（见图1-17），作为销售顾问必须要了解该品牌历史对中国汽车产业发展的历史意义。

　　对于世界汽车品牌如宝马（见图1-18）、奔驰（见图1-19）、奥迪（见图1-20）等品牌，作为汽车销售顾问，必须要了解其在全球的地位及价值，传递给客户，建立客户的品牌忠诚度。

　　2）企业的情况，包括设立的时间、成长历史、企业文化、产品的升级计划、新产品的研发情况、企业未来的发展目标等。

图1-16　成功销售顾问应具备的特征

图 1-17　解放

图 1-18　宝马

图 1-19　奔驰

图 1-20　奥迪

3）经销商的情况，如北京博瑞祥云奥迪 4S 店（见图 1-21）是国内最早的奥迪品牌经销商，作为销售顾问要了解其相关信息，并传递给客户，以增强客户对经销商的认可，塑造经销商良好形象和口碑。

4）汽车产品的结构与原理、与其他竞争产品相比较的优势与卖点。

5）汽车的新技术，如奥迪的领先科技 Ultra 技术（见图 1-22）、全铝车身（见图 1-23），创造了汽车产业界之最。

图 1-21　北京博瑞祥云奥迪 4S 店

图 1-22　奥迪 Ultra 技术

图 1-23　奥迪全铝车身

6）汽车金融常识，汽车维修与维护、驾驶、汽车法律法规、汽车消费心理专业知识、销售政策及市场动态。

2. 以客户需求为导向

1）全面了解客户的需求。深入了解客户的习惯和喜好，推断出客户的实际需求，与客户建立长期、双赢、和谐的沟通关系（见图 1-24）。

图 1-24　双赢客户关系

2）根据客户的需求订制"合身"的个性化服务。如客户对颜色的特殊需求、对标识大小的需求等。图 1-25 所示为奥迪个性化订制的标识。

图 1-25　奥迪个性化订制标识

3）通过落实购车方案，达到经销商与客户的双赢，最终达成共识。

3. 用流程规范自己

销售流程如图 1-26 所示。通过流程把品牌的价值、厂家的价值、经销商的价值、产品的价值和销售顾问的价值传递给客户，让客户从信任转为信赖。

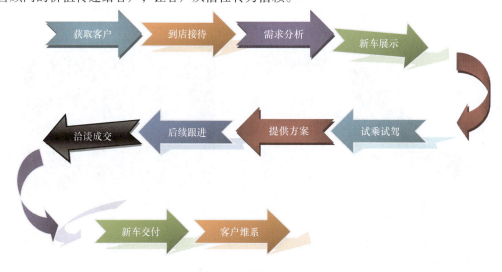

图 1-26　销售流程展示

执行流程的意义如图 1-27 所示。

提高销售成功率　提升品牌形象　便于团队借鉴经验共享　利于自我检查工作质量　规范记录团队合作　上下级沟通准确清楚

图 1-27　执行流程的意义

4. 良好的职业素养

良好的职业素养主要包括以下几个方面：

（1）成功销售顾问应该具备的心态　俗话说：心态决定命运。做销售，最重要的是心态。作为汽车销售顾问，应具备的心态如图 1-28 所示。

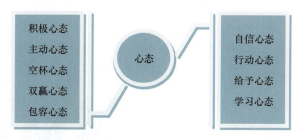

积极心态　主动心态　空杯心态　双赢心态　包容心态　心态　自信心态　行动心态　给予心态　学习心态

图 1-28　成功销售顾问应该具备的心态

（2）成功销售顾问应该具备的能力　汽车销售顾问工作是非常有挑战性的，要想成为一名成功的汽车销售顾问，需要具备如图 1-29 中所示的能力。

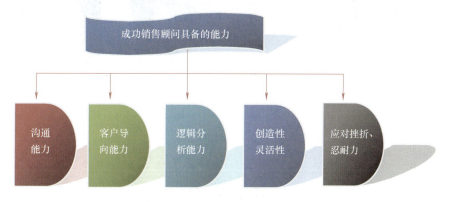

成功销售顾问具备的能力

沟通能力　客户导向能力　逻辑分析能力　创造性灵活性　应对挫折、忍耐力

图 1-29　成功销售顾问应该具备的能力

（3）成功销售顾问应该塑造的形象

1）语言。销售顾问在和客户沟通的过程中，要能够让客户愉悦，客户才愿意和你继续聊下去，所以在销售中在语言方面我们要采取一些手段或措施，在交流中能让客户产生如图 1-30 所示的舒心、舒畅，这样有利于销售。这些手段和措施具体如图 1-31 所示。

2）肢体语言。在销售学中，所能使用到的肢体语言主要有坐姿（见图 1-32）、站姿（见图 1-33）、走姿（见图 1-34）、蹲姿（见图 1-35）、手势（见图 1-36）及眼神（见图 1-37）等。

汽车销售中，要想留给客户良好深刻的印象，体现我们的友好亲和，更好体现我们的主动、热情和专业，此时手势（见图 1-36）和眼神（见图 1-37）等肢体语言就显得尤为重要。

图 1-30　愉悦的谈话氛围

❖　不要轻易提高声调

❖　语速适中，吐字清晰

❖　语气肯定，不含糊

❖　不轻易插话或打断对方

❖　尽快记住对方的名字

图 1-31　愉悦交流的手段和措施

图 1-32　坐姿

图 1-33　站姿

图 1-34　走姿

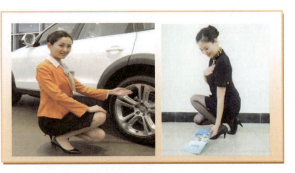

图 1-35　蹲姿

图 1-36　手势

图 1-37　眼神

3）仪容仪表。这里主要指个人形象。作为汽车销售人员的仪容仪表应该是淡妆自然，要有亲和力；头发要有清爽感；衣服的选择必须是干净得体，熨烫平整。男士和女士仪容仪表标准如下：

① 男士仪容仪表。男士的仪容仪表具体要求如图 1-38 所示。

黑色短发，无大鬃角（侧不过耳，后不触衣领），自然清洁

领口干净整洁

规范着装、大方得体，要保持整洁、无异味

面带微笑，精神饱满

规范佩戴标识徽章

袖口、袋口整理整齐

裤子熨烫平整洁净

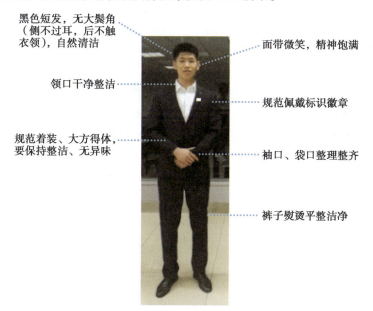
图 1-38　男士仪容仪表

② 女士仪容仪表。女士的仪容仪表具体要求如图 1-39 所示。

二、顾问式销售认知

1. 顾问式销售定义

顾问式销售（Consultative Selling）是一种全新的销售概念与销售模式，是指销售人员以专业销售技巧进行产品介绍的同时，运用分析能力、综合能力、实践能力、创造能力、说服能力完成客户的要求，并预见客户的未来需求，提出积极建议的销售方法。顾问式销售可以针对客户的购买行为按挖掘潜在客户、拜访客户、筛选客户、掌握客户需求、提供解决方案、成交、销售管理等步骤来进行。

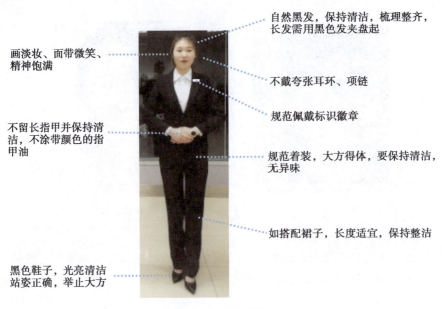

画淡妆、面带微笑、精神饱满

自然黑发，保持清洁，梳理整齐，长发需用黑色发夹盘起

不戴夸张耳环、项链

规范佩戴标识徽章

不留长指甲并保持清洁，不涂带颜色的指甲油

规范着装，大方得体，要保持清洁，无异味

如搭配裙子，长度适宜，保持整洁

黑色鞋子，光亮清洁站姿正确，举止大方

图 1-39　女士仪容仪表

2. 销售员和销售顾问的差异

顾问式销售模式的执行者为销售顾问，而传统销售模式的执行者为销售员，二者间的差异主要有两方面。

（1）从工作职能角度看　销售员和销售顾问有着明显的不同，如图 1-40 所示。

销售员——卖车

从自我角度出发

强调钱物交换、注重短期效益

好车就是性能好，价格低

销售顾问——帮助客户买车

从客户角度出发

强调满足客户需求以实现双赢，关注长期效益

好车就是客户需要的车，适合的才是最好的

图 1-40　工作职能看销售员和销售顾问差异

（2）从与客户交流各维度所需时间看　销售员与销售顾问在与客户交流过程中，由于销售目的不同，前者为了获取短期利益，后者则是为了获取长期效益，因此销售各环节与交流时间不同，具体如图 1-41 所示。

由图可知：二者各维度使用时间不同。在销售中，当客户与销售者建立起信任或者信赖关系，才会利于促进最后的成交，因此销售者一开始接触客户不要急于去分析客户需求，只有在聊天当中建立彼此间的信任关系，才会为后续需求分析、产品介绍、异议处理及顺利成交做好铺垫，也更容易获得客户的忠诚度。

3. 销售顾问的职责和角色

销售顾问的工作方式也就是顾问式销售更能适应市场发展，促进企业和产业发展。销售顾问的角色如图 1-42 所示。

每种角色的职责详见表 1-5。

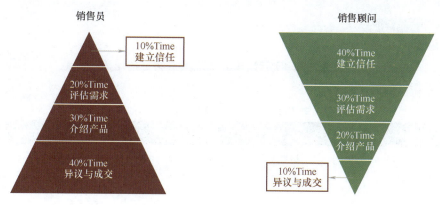

图 1-41　与客户交流各维度所需时间

图 1-42　汽车销售顾问角色

表 1-5　每种角色的职责

角　色	职　责
新客户开发者	汽车销售顾问要主动积极地制订和实施开发新客户的方案；赢得客户联系信息或会晤机会；维护与管理新客户信息，为客户的初次接触和联系做好铺垫
客户需求探索者	汽车销售顾问要收集客户个人背景和需求信息；及时维护与管理客户的变更信息；在了解需求的前提下，为客户提出合理的购车方案
产品专家	汽车销售顾问要从技术和金融方面全方位了解产品；积极参与产品培训；充分掌握销售数据的应用；了解市场发展和竞争对手产品的最新信息；根据客户的利益与需求专业地展示产品
洽谈伙伴	汽车销售顾问要全面地推荐产品与服务；明确表达为客户提供的利益信息；正确处理客户异议；制订书面报价、起草和处理购买及保险等合同；确保完全满足客户的需求、特许经销商的利益和品牌的利益
客户帮助者	汽车销售顾问要高质量完成车辆交付工作；积极维护客户关系；帮助客户解决问题
市场开拓者	汽车销售顾问要进行区域开发和公关活动，开展活动之前了解总体情况，观察感兴趣的交通工具使用需求和自己市场范围内的总体趋势，推行面向未来的销售解决方案
经销商的代言人	代表品牌中的某个经销商，体现该经销商的精神风貌、企业文化
品牌形象大使	销售顾问是自己所服务品牌的形象大使，一言一行，举手投足及专业与否都代表这个品牌

优秀汽车4S店销售人员应具备特征的培养

1. 准备工作（见表1-6）

表1-6 优秀汽车4S店销售人员应具备特征培养的实训准备工作

场地准备	工具准备	课堂布置	教师、学生要求
智能化教室1间	白板纸	4~5人/组，共计4组	着职业装
	白板笔		
	胶带		

2. 分组活动

任务资料讨论分析：作为一位成功销售顾问应该具备的特征，并完成项目表1-7。

表1-7 项目表

完成项目	完成项目具体内容
根据资料内容分析销售顾问要做哪些事情及如何做好	
做好每一件事情需要具备的心态	
塑造什么样的形象	
具备的知识和能力	

3. 小组内交流讨论

1）任务资料布置："客户王凯是公司老板，家有一个女儿，目前正在大学读博士；妻子是大学教师，平日里他们喜欢打球、自驾游。现在用车为雷克萨斯，目前想再购买一辆奥迪，可以接客户也可以家用，今天来到了华阳奥迪4S店，销售顾问尹红新接待了他们，做了需求分析，推荐了奥迪A8L这款车，并配有合理的购车方案，带客户看车后，做了试乘试驾，之后客户很认可该车型，享受了优惠活动，成功订车。"

2）各小组讨论后将结果呈现在白板纸上，小组代表发言。

4. 展示评比

小组代表展示时间为3min/组。结束后教师进行评价（见表1-8），同时小组内自评、小组间进行互评（见表1-9）。

5. 评价表（见表1-8和表1-9）

根据各小组的表现，填写表1-8和表1-9。

表1-8 教师评价表

序号	评价标准	完成情况	
		是	否
1	销售是一个有挑战性的工作，挖掘销售人员在销售过程中应具备的正能量心态		
2	分析与客户接触的方方面面，涉及仪容仪表、言谈举止、说话、沟通交流等		
3	能够通过查找资料，分析总结成功销售人员应该掌握的知识比较广泛：涉及销售知识、心理学、销售数据、市场行业状况、产品知识、新闻特点等		
4	通过日常生活经验、查阅资料和所学知识，分析总结成功销售人员应该具有沟通能力、灵活应变能力、创造性能力、创新能力、客户导向能力等		

表 1-9 小组内自评、小组间互评表

序号	评 价 标 准	分值	得分
1	能够体现至少六种心态	20	
2	讨论结果里体现出塑造成功形象要如何做才能达到规范和标准，包括外在形象、举手投足、内在修养等方面，平日里如何训练、提升才能接近或者达到优秀	30	
3	讨论结果要体现销售人员要有广博的知识，通过什么渠道获取知识	30	
4	讨论中体现为了成功销售，销售人员应具备的能力至少是五个维度；能力的训练和养成，要在日常与客户沟通的过程中总结经验、慢慢积累，还要不断地自我练习提升，模拟演练	20	
	合计得分		

学习单元三 汽车销售服务对象认知

 情境导入

　　客户王凯是一位医生，年龄 45 岁，妻子是大学老师。销售顾问尹红新接待了王凯，经过沟通，了解到王凯想要购买一部公私兼用的车，已去过宝马、奔驰、雷克萨斯等品牌。如果你是销售顾问，针对客户目前购买状况，接下来你还需要做哪些工作，以促进销售成功。

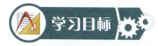 **学习目标**

目标名称	目标内容
理论知识	汽车销售服务对象的特点
	汽车销售服务对象的购买行为影响因素
	汽车销售服务对象的购买决策过程
技术能力	能够根据客户的购买情况有针对性地应对客户促进其购买
	能够阐述汽车销售 4S 店组织架构
职业素养	培养销售人员的真诚、热情和诚恳
	培养销售人员的判断分析能力和销售职业素养

 **知识准备**

一、汽车销售服务对象购买行为认知

1. 汽车销售服务对象购买行为含义及购买行为模式

　　汽车销售服务对象即为汽车消费者。汽车消费者购买行为是指消费者为满足其个人或家庭生活而发生的购买商品的决策过程。消费者购买行为是复杂的，呈现出的购买行为模式如图 1-43 所示。

　　消费者首先受到两方面刺激，一是来自大气候也就是宏观环境的刺激，例如政治的稳定、经济的发展可以刺激消费者产生正常消费需求，社会文化、人口

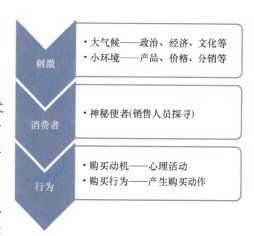

图 1-43 汽车消费者购买行为模式

环境等可以限制和影响刺激消费者产生与之相吻合的消费需求；二是来自小气候的影响，例如产品层次、产品定价及价格变动、产品销售渠道等的变动都可以对消费者产生不同程度的刺激。二者结合起来，对消费者产生的购买影响结果或者是现在购买，或者是将来购买，总之会产生购买意向。但是哪些因素影响消费者决定购买与否，作为销售人员不得而知。因此消费者被称为"神秘使者"，需要销售人员通过观察、体验和交流来揭开其神秘面纱，增加消费者的购买动机，动机越强烈，购买的可能性就越大，从而产生购买行为。

2. 汽车销售服务对象购买行为类型

购买行为的类型，有多种多样的划分方法，其中最具有典型意义的有两种：一种是根据消费者购买行为的复杂程度和产品品牌差异度加以区分；另一种是根据消费者的性格进行划分。

（1）根据消费者购买行为的复杂程度和所购产品品牌的差异度划分　按照此类标准划分，可将购买行为分为四种类型，如图 1-44 所示。

图 1-44　根据消费者购买行为复杂程度和所购产品品牌差异度划分消费者购买行为类型

每种类型的购买行为类型及特点详见表 1-10。

表 1-10　购买行为类型及特点

行 为 类 型	特 点
复杂型购买行为	这是消费者在购买差异性很大、价格昂贵介入程度高的消费品时所发生的购买行为。购买这类商品时，通常要经过一个较长的考虑过程。购买者首先要广泛搜集各种相关信息，对可供选择的产品进行全面评估，在此基础上建立起自己对该品牌的信念，形成自己对各个品牌的态度，最后慎重地做出购买决策，购买汽车的行为就属于复杂型购买行为
减少失调购买行为	这是消费者购买产品时，品牌差异性不大、介入程度高时所发生的一种购买行为。由于各个品牌之间没有显著差异，但是产品价格较高，消费者一般会花很多心思在上面，但是也不一定能分清各个品牌之间的优劣，所以购买了之后心里感觉也不是十分踏实。例如购买房子的行为即为减少失调的购买行为
习惯型购买行为	习惯型购买行为是指消费者对所选购的产品和品牌比较了解，品牌差异也不大，介入程度低，已经有了相应的选择标准，主要依据过去的知识和经验习惯性地做出购买决定。所以销售人员就应该积极进行推销和宣传，引起消费者的注意，从而增加改变购买行为的可能性
多样化购买行为	消费者购买的产品差异度大，但是价格不是很高，因此介入程度低。一般消费者了解现有各品牌和品种之间的明显差异，在购买产品时并不深入收集信息和评估比较就决定购买某一品牌，购买时随意性较大，只在消费时才加以评估，但是在下次购买时又会转换其他品牌。例如洗发水等产品的购买行为即为多样化购买行为，只要有价格促销，可能就会不经意间改变购买习惯。所以销售人员也应该加大宣传力度，吸引客户眼球

（2）根据消费者购买态度与要求划分　按照此类标准划分，可将购买行为分为六种类型，如图 1-45 所示。

图 1-45　根据消费者购买态度与要求划分消费者购买行为类型

每种类型的购买行为类型及特点详见表 1-11。

表 1-11　购买行为类型及特点

行为类型	特　　点
习惯型	消费者是某一种或某几种品牌的忠诚顾客，消费习惯和偏好相对固定，购买时心中有数，目标明确
慎重型	做出购买决策前对不同品牌加以仔细比较和考虑，相信自己判断，不容易被他人打动，不轻易做出决定，决定后也不轻易反悔
冲动型	易受产品外观、广告宣传或相关群体的影响，决定轻率，缺乏主见，易于动摇和反悔。营销者在促销过程中争取到这类消费者并不困难，但要想使他们转变为忠诚的顾客就不太容易了
经济型/价格型	对价格特别敏感，一心寻求经济合算的商品，对产品是否物美价廉特别看重
情感型	对产品的象征意义特别重视，联想力较丰富。如有些客户在汽车号牌选购时，重视带"8"的数字，就是为了"发财"的心理
不定型	此类消费者往往比较年轻，独立购物的经历不多，消费习惯和消费心理尚不稳定，没有固定偏好，易于接受新的东西

（3）根据消费者购买目标选定程度划分　按照此类标准划分，可将购买行为分为三种类型，如图 1-46 所示。

图 1-46　根据消费者购买目标选定程度划分消费者购买行为类型

每种类型的购买行为类型及特点详见表 1-12。

表 1-12　购买行为类型及特点

行为类型	特　　点
全确定型	这类消费者在进入商店、发生购买行为之前已有明确的购买目标，对所要购买商品的种类、品牌、价格、性能、规格、数量等均有具体的要求，一旦商品合意，便会毫不犹豫地果断购买
半确定型	这类消费者在进入商店购买之前，已有大致的购买意向和目标
不确定型	这类消费者无论是进店前还是进店后，没有任何明确的购买目标，他们只是由于顺路、散步，或是饭余茶后信步进入商店，漫无目的地观察、浏览商品

二、汽车销售服务对象购买因素分析

由于汽车购买行为属于复杂型购买，参与购买的角色可能会多人参与，如图 1-47 所示。

图 1-47　购买中的多种购买角色

每个角色由于各种原因，购车的关注点不同。消费者在购买中的影响因素，详见表 1-13。

表 1-13　购买行为的影响因素

因素类型	细分因素	具 体 内 容
文化因素	核心文化	核心文化也可称为社会文化。不同民族、不同社会，其文化内涵的差别很大。如美国人希望得到个人最大限度的自由，追求超前享受，人们在购买住房、汽车等时，既可分期付款，也可向银行贷款支付。而我国的消费者则习惯攒钱买东西，人们购买商品往往局限于货币支付能力的范围内
	亚文化	亚文化又被视作"文化中的文化"，亚文化群体的成员不仅具有与主流文化共同的价值观念，还具有自己独特的生活方式和行为规范。就汽车消费者购买行为而言，亚文化的影响更为直接和重要，有时甚至是根深蒂固的
社会因素	社会阶层	同一阶层的成员，行为举止大体一样，社会阶层不单一由某一因素所决定，而是由职业、收入、教育、价值观念等综合因素决定；人作为个体，可能晋升到更高阶层，也可能下降到较低阶层，不同阶层的人在购买行为和购买种类上具有明显的差异性。因此汽车生产者会依据上述因素进行市场细分，找准所生产产品的市场定位
	参考群体	参考群体是指能够影响一个人的态度、意见和价值观念的一群人，也叫标准群体或榜样群体。参考群体可分为仰慕群体和背离群体 仰慕群体又分为三类：亲密群体、松散群体和渴望群体。亲密群体指和消费者本人关系比较亲密，如父母、亲戚、同学、挚友等；松散群体指和消费者本人关系一般，限于认识，能够交流，谈不上交往亲密的一部分人；渴望群体指明星等群体，他们的购买行为会影响消费者，但是消费者是从观察的角度模仿明星的购买行为或者购买明星同款的产品，两者之间没有语言交流。这三类群体会不同程度影响消费者的购买行为，或从众购买，或听从建议购买，或模仿购买 背离群体是指被消费者讨厌、憎恶的一群人，这些人会影响消费者的购买行为，消费者会让自己的购买行为与之大相径庭
	家庭	家庭成员是对消费者购买行为影响最大的主要参考群体，如父母、配偶、子女等，这些人对消费者潜意识的行为有明显的影响，配偶或者子女是其购买的直接参与者
	角色地位	每个人在社会上，都会参加各种群体，一个人在群体中的角色可用身体和地位来确定，消费者往往会考虑自己的身份和社会地位做出购买选择，对于汽车的购买，更是一个人身份和地位的象征

（续）

因素类型	细分因素	具体内容
个人因素	家庭生命周期	消费者的需求和购买能力会随着年龄的增加而发生变化，人们对汽车产品的喜好也会随年龄增大而发生改变。家庭生命周期是指一个以家长为代表的家庭生命的全过程，从青年的独立生活开始，到年老后并入子女的家庭或者死亡时为止，它分为形成、扩展、稳定、收缩、空巢与解体6个阶段。显然，在不同阶段同一消费者及家庭的购买力、兴趣和对商品的偏好会有较大差别
	职业状况	不同职业的消费者对汽车的购买目标是不一样的，同时也会影响其消费模式
	生活方式	生活方式是一个人在生活中所表现出来的活动、兴趣和看法的整个模式。不同人追求不同的生活方式，所以人们对产品的喜好和追求也就不同。从经济学的角度看，一个人的生活方式表明它所选择的分配方式以及对闲暇时间的安排，因此决定其购买行为与分配方式和安排闲暇时间活动相匹配
	个性及自我观念	个性不同会导致消费者购买行为的差异，进而影响消费者对汽车产品的品牌和款式的选择。如追求时尚和个性化的消费者，对SUV概念车或者越野车比较感兴趣，因为它可以更好地展示自我，满足了以休闲旅游为生活方式的消费者的需求。在现实社会中，每个人都在追求自我形象塑造，这样无形当中就会使消费者有意无意地寻求与其自我形象观念相一致的产品、品牌，采取与自我形象相一致的消费行为
心理因素	感觉	所谓感觉，就是人们通过感官对外界的刺激物或情境的反应或印象。随着感觉的深入，各种感觉到的信息在头脑中被联系起来进行初步的分析综合，形成对刺激物或情境的整体反映，就是知觉。知觉对消费者的购买决策、购买行为影响较大。在刺激物或情境相同的情况下，消费者有不同的知觉，他们的购买决策、购买行为就截然不同。因为消费者知觉是一个有选择性的心理过程，即选择性注意、选择性曲解、选择性记忆 1）选择性注意： 选择性注意又叫选择性接触，是指人们尽量接触与自己观点相吻合的信息，同时竭力避开相抵触的信息这么一种本能倾向。如汽车市场营销领域中，外观、价格、广告、品牌、性能等都是潜在消费者接受与否的信息。即俗话说的：萝卜白菜各有所爱 2）选择性曲解： 选择性曲解又叫选择性理解，是指受众总要根据自己的价值观念及思维方式而对接触到的信息做出独特的个人解释，使之同受众固有的认识相互协调而不是相互冲突 3）选择性记忆： 选择性记忆，就是指人们根据各自的需求，在已被接受和理解的信息中挑选出对自己有用、有利、有价值的信息，然后储存在大脑之中。如果说选择性接触和选择性理解都是有意识的行为的话，那么选择性记忆往往属于无意识的行为。一般来说，人们并非由于某类信息合乎自己的口味，因而将它存入记忆中，而是人们记住某类信息正表明它能投其所好 分析感觉对消费者购买影响目的是要求企业营销掌握这一规律，充分利用企业营销策略，引起消费者的注意，加深消费者的记忆，正确理解广告，影响其购买行为
	动机	"需要"引起"动机"，需要是人们对于某种事物的要求或欲望。就消费者而言，需要表现为获取各种物质需要和精神需要。马斯洛的"需要五层次"理论，即生理需要、安全需要、社会需要、尊重需要和自我实现的需要。需要产生的购买动机主要分为：求实动机、求新动机、求美动机、求廉动机、求名动机、好胜动机、显耀动机、求同动机、偏爱动机
	后天学习	学习是指由于经验引起的个人行为的改变，即消费者在购买和使用商品的实践中，逐步获得和积累经验，并根据经验调整自己购买行为的过程。学习是通过驱策力、刺激物、提示物、反应和强化的相互影响、相互作用而进行的。企业营销要注重消费者购买行为中"学习"这一因素的作用，通过各种途径给消费者提供信息，目的是达到加强诱因，激发驱策力，将人们的驱策力激发到马上行动的地步。同时，企业商品和提供服务要始终保持优质，消费者才有可能通过学习建立起对企业品牌的偏爱，形成其购买本企业商品的习惯
	信念态度	态度通常指个人对事物所持有的喜欢与否的评价、情感上的感受和行动倾向。消费者态度来源于：与商品的直接接触，受他人直接、间接的影响和家庭教育与本人经历。消费者态度包含信念、情感和意向，它们对购买行为都有各自的影响作用 企业营销人员应该注重对消费者态度的研究，以引导消费用户对企业及产品产生肯定的正方向的态度，这对企业产品的销售是极其有利的

（续）

因素类型	细分因素	具体内容
经济因素	社会经济水平	一个国家社会经济发展水平的高低影响该国家人口汽车拥有状况、汽车更新速度及车型的选择等，如西方发达国家和非洲国家相比较而言，西方发达国家对车的拥有程度、更新速度都强于非洲国家。就我国而言2009年以来，经济发展速度较快，国民收入水平提高，所以汽车销量迅猛增加，目前我国还有近亿人口是潜在汽车购买者
	个人收入	人们的消费需求是通过利用手中的货币购买消费品来实现的。因此，在价格既定的情况下，收入的多少，就成为影响消费者市场需求的决定性因素。收入越多，对商品的需求量就越大。消费者在购买商品时，主要考虑的是自己的收入、商品的功能和商品的价格，在个人收入、商品功能一定的条件下，商品的价格是推动消费者购买行为的动力。尤其是汽车对一般人来说属于一种高档耐用消费品，家庭的经济状况达不到一定程度是不可能购买汽车的，并且经济状况较好的人与经济状况一般的人所选购的汽车是有所差别的

三、汽车销售服务对象购买行为过程分析

1. 购买角色分析

对于很多产品来说，识别购买者很容易。但是对于汽车产品而言，由于是复杂购买行为，参与购买的角色会很多，主要分为如下几种，详见表1-14。

表1-14　角色类型及特点

角色类型	角色特点
购买者	购买者是指最终花钱采购的人，通常指家庭中占主导地位的人
决策者	决策者是指在购买中起决定性作用的人，符合该人的购买标准，或符合身份，或符合外形要求等
使用者	使用者是指购车后驾驶的人，还包括乘坐的人。实际购车的人或购买过程中的决策者，都未必是最终的使用者，可能是购车送给爸爸、妈妈，也可能购车送给妻子、孩子等
影响者	影响者是指其看法或建议对最终决策者具有一定影响的人。影响者对犹豫型购买者具有很大的影响力，甚至影响者可以占主导，转而成为决策者。所以销售过程中，销售人员应更多地关注影响者，因为他不一定能让交易成功，但是他一定能让交易失败。作为成功销售人员，应该识别出影响者，并关注影响者，让影响者起到利于销售的作用

2. 购买过程分析（包括购买决策内容分析）

汽车购买作为一种复杂型购买行为，其购买决策一般分引起需求、收集信息、产品评估、购买决策和购后感受的五个阶段，如图1-48所示。

图1-48　消费者购买决策过程

每个环节的具体表现形式及应对方法详见表 1-15。

表 1-15　购买决策过程的具体表现形式及应对方法

购买决策过程	表 现 形 式	应 对 方 法
引起需求	缺货、不满意、新需要、相关产品的需要、新产品上市、促销和消费流行等因素可诱导需求的产生。首先应确认客户产生需求的原因，根据不同的诱因采取相应的措施，刺激客户产生需求。消费者的需要一般由两种刺激引起：一是内部刺激，匮乏状态；二是外部刺激，如广告宣传等	销售人员应该了解引起与本企业产品有关的现实需求和潜在需求的驱使力，即是什么原因引起消费者购买本企业汽车产品，从而设计能够引起需求的诱因，促使消费者增强刺激，唤起需要
收集信息	消费者的信息来源主要有个人来源、经验来源、公共来源和商业来源四个方面。个人来源是指来自亲朋好友的信息；经验来源是从试乘试驾过程中感受汽车产品性能获得信息；公共来源是从网络、电视等大众传播媒体、社会组织中获取信息；商业来源是指从企业营销中获取信息，如从广告、推销员、展览会等获得的信息。个人来源和经验来源信息对消费者购买行为影响最直接，公共来源和商业来源的影响比较间接，但诱导性强	这个阶段销售人员应该在调查、分析的基础上，了解不同信息来源对消费者购买行为的影响程度、注意不同文化背景下收集信息的差异性，有针对性设计安排恰当的信息传播途径，采用对目标市场影响最大、信息数量最多的促销组合，以便进一步引导购买行为
产品评估	消费者在获取足够的信息之后，要对备选的各品牌汽车进行评估。对产品评估主要涉及以下问题： 1）产品属性。产品属性涉及产品功能、价格、质量、款式等，在价格稳定的情况下，消费者对提供产品属性多的产品感兴趣。由于使用者不同，对产品属性的要求也不同 2）属性权重。属性权重是消费者对各品牌汽车产品有关属性给予的不同权数 3）理想产品。消费者只能在"理想产品"信念下，选择最接近"理想"的品牌。汽车购买者可以根据颜色、款式、质量和服务状况等方面，从可供选择的产品中选择最满意的品牌车型	在这个阶段，销售人员应该了解一个汽车消费者在收集资料后可能初步会确定购买哪家公司的产品，最终消费者买了某品牌车型，销售人感兴趣的应该是，消费者购买该品牌车型的理由：或是因为品牌知名度，或是因为产品性能，或是因为造车理念恰好符合他的要求或者朋友的影响。销售人员知道这些信息后，就可以改进营销手段和营销策略，考虑是否将相关车型进行改款换代，从而重新进行心理定位，树立新的品牌信念
购买决策	购买决策是指通过产品评估，使消费者对备选的某种品牌产品形成偏爱，形成购买意向，引起实际购买行为。消费者的购买决策主要有产品种类决策、产品属性决策、品牌决策、购买时间及地点决策等 消费者的购买意向是否转化为购买行动受他人态度和意外因素的影响，也受可觉察风险的影响，从而做出现在买，还是以后买的购买决定	在这个阶段，销售人员应该采用各种营销手段或者策略，消除或减少引起可觉察风险的因素，向消费者提供真实可靠的产品信息，增强其购买自信心，使消费者做出现在买的决定。如果以后再买，可能会出现多种情况，如以后经济状况不好了，可能就不会买了；或者现在没有买，又经过一段时间的收集信息、评估选择，可能就会买其他品牌产品，再或者经济实力增强，可能购买更高端的产品，这都不利于销售预期实现
购后感受	购后感受让消费者产生购后行为。购后行为是指消费者在购买产品以后产生的某种程度的满意或不满意所带来的一系列表现。消费者对产品的期望值越高，不满意的可能性越大，因此企业在采取促销措施时，如果盲目地扩大消费者的期望值，虽然在短期内会扩大产品的销售量，但会引起消费者的心理失衡，退车、投诉增加，从长期来看有损企业形象，影响消费者以后的购买行为	在这个阶段，销售人员应该通过广告宣传等促销手段，实事求是宣传产品，最好是有所保留，以提高消费者的满意度，采取有效措施减少或消除消费者的购后失调感，及时处理消费者的意见，给消费者提供多种解除不满情绪的渠道，建立与消费者长期沟通机制，加强售后回访，避免不满意状况出现。即使消费者满意，并且出现重购行为，仍然不代表消费者对该产品的每一项内容都满意

消费者购买决策过程环节识别及如何实施应对策略

1. 准备工作（见表 1-16）

表 1-16　消费者购买决策过程环节识别及如何实施应对策略的实训准备工作

场 地 准 备	工 具 准 备	课 堂 布 置	教师、学生要求
智能化教室 1 间	白板纸	4~5 人/组，共计 4 组	着职业装
	白板笔		
	胶带		

2. 分组活动

任务资料讨论分析：针对消费者（汽车服务对象）购买决策过程每个环节特点，销售人员应该如何实施销售应对策略，并完成项目表（见表 1-17）。

表 1-17　项目表

完 成 项 目	完成项目具体内容
根据资料内容分析消费者购买决策呈现哪几个环节？分析每个环节消费者的心理特点	
针对每个环节消费者心理特点，销售人员应该如何应对？	

3. 小组内交流讨论

1）任务资料布置：给出消费者购买案例（参看实训任务工单三——邵雁买车的故事）。

2）各小组讨论后将结果呈现在白板纸上，小组代表发言。

4. 展示评比

小组代表展示时间为 3min/组。结束后教师进行评价（见表 1-18），同时小组内自评、小组间进行互评（见表 1-19）。

5. 评价表（见表 1-18 和表 1-19）

根据各小组的表现，填写表 1-18 和表 1-19。

表 1-18　教师评价表

序号	评 价 标 准	完 成 情 况	
		是	否
1	分析客户的购买决策过程，有理有据，阐述明晰准确		
2	客户的购买行为判断准确——复杂型购买行为		
3	能够根据所学知识，有针对性地给出应对策略和想法		
4	阐述客户购买行为，依据所学知识，论据充分，符合销售原理和销售理念		

表 1-19　小组内自评、小组间互评表

序号	评价标准	分值	得分
1	能够准确找出购买决策过程中涉及的购买环节并阐述其特点	30	
2	能够运用所学知识，实现知识迁移，可以触类旁通，活学活用	20	
3	能够根据客户特点，做出准确应对，并说明应对理由	30	
4	语句流畅，总结完整、有理有据	20	
合计得分			

1. 汽车 4S 店含义及优势。
2. 汽车销售 4S 店的平面布置区域有哪些？各部分功能是什么？
3. 汽车销售 4S 店的组织架构。
4. 成功销售顾问具备特征。
5. 顾问式销售特点。
6. 汽车销售服务对象购买行为分类。
7. 汽车销售服务对象购买行为受哪些因素影响？
8. 汽车销售服务对象购买决策过程。

一、填空题

1. 汽车 4S 店的含义_____。
2. 汽车 4S 店的特点_____、_____、_____、_____。
3. 汽车销售 4S 店各平面布置区域有_____、_____、_____、_____、_____、_____、_____、_____。
4. 客户的购买行为分为_____、_____、_____。
5. 消费者购买行为过程分为_____、_____、_____、_____、_____、_____。
6. 根据消费者购买态度与要求可以把消费者购买行为分为_____、_____、_____、_____。
7. 塑造成功销售顾问的形象，在语言方面要做到_____、_____、_____、_____、_____。
8. 成功销售人员应该具备的心态有_____、_____、_____、_____。
9. 在销售学中，所能使用到的肢体语言主要指_____、_____、_____、_____。
10. 根据消费者购买行为的认知，判断消费购买房屋属于_____购买行为。

二、选择题

1. 汽车 4S 店有哪些优势？（　　　）

A. 信誉度好　　　　　　B. 专业性强　　　　　　C. 售后服务优　　　　　　D. 顾客福利大

2. 下面属于汽车4S店特点的有哪些?（　　　）

A. 全程服务与全员服务的结合　　　　　　　B. 多层次有针对性的服务

C. 定点的服务　　　　　　　　　　　　　　D. 对服务人员素质要求高

3. 汽车销售中，客户参与购买的角色有哪些?（　　　）

A. 购买者　　　　　　　B. 决策者　　　　　　C. 使用者　　　　　　D. 影响者

4. 消费者在购买中会受到哪些因素影响?（　　　）

A. 文化因素　　　　　　B. 社会因素　　　　　C. 个人因素　　　　　D. 心理因素

5. 根据消费者购买行为的复杂程度和所购产品品牌的差异程度可以把购买行为划分为（　　　）。

A. 复杂型购买行为　　　　　　　　　　　　B. 减少失调购买行为

C. 习惯型购买行为　　　　　　　　　　　　D. 多样化购买行为

6. 成功销售顾问应具备的特征：（　　　）。

A. 品牌与专业知识　　　　　　　　　　　　B. 以顾客需求为导向

C. 用流程规范自己　　　　　　　　　　　　D. 良好的职业素养

7. 汽车销售中消费的购买行为属于哪种?（　　　）

A. 复杂型购买行为　　　　　　　　　　　　B. 减少失调购买行为

C. 习惯型购买行为　　　　　　　　　　　　D. 多样化购买行为

8. 汽车销售中，参与购买的角色有多个，最不应该忽视的是（　　　）。

A. 购买者　　　　　　　B. 决策者　　　　　　C. 使用者　　　　　　D. 影响者

9. 消费者购买行为过程是从（　　　）开始的?

A. 需求产生　　　　　　B. 收集信息　　　　　C. 评估选择　　　　　D. 购买决定

10. 消费者购买行为过程中信息收集来源主要包括（　　　）。

A. 个人来源　　　　　　B. 商业来源　　　　　C. 公共来源　　　　　D. 经验来源

三、简答题

1. 汽车4S店有哪些优势?

2. 汽车4S点的平面布置名称及其功能介绍。

3. 成功销售顾问应具备的特征有哪些?

4. 顾问式销售特点是什么?

5. 汽车销售服务对象购买行为分为哪几类?

7. 车销售服务对象购买行为受哪些因素影响?

8. 汽车销售服务对象购买决策过程是什么?

9. 销售人员与销售顾问的差异是什么?

10. 销售顾问的角色有哪些?

汽车销售流程

学习领域二

该学习领域主要介绍汽车销售人员在面对不断变化的销售工作时，应该始终遵循的一条销售主线（见图2-1），这有助于将复杂的销售过程分解为易于理解和清晰的阶段目标和步骤，从而有利于提高销售成功率、提升品牌形象。

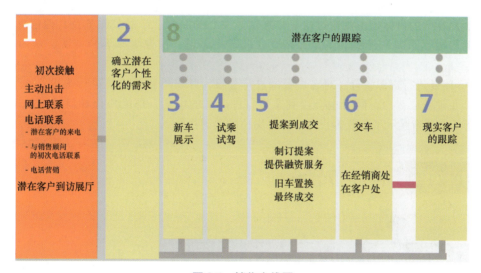

图 2-1　销售主线图

学习单元一　获取客户

客户王凯打电话给一汽-大众华阳4S店，询问2021年新迈腾价格、配置及优惠活动，销售顾问刘鹏根据之前做准备，将王先生邀约到店，进行热情接待。之后王先生非常高兴地与销售顾问小刘攀谈了起来。

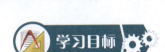

目标名称	目标内容
理论知识	获取客户的渠道和方法
	获取客户的技巧
技术能力	能够根据获取客户方法成功接触客户并邀约到店
	能够熟练运用获取客户的各种渠道和方法
职业素养	培养销售人员坦诚热情的态度
	培养学生灵活应变能力的职业素养

知识准备

一、获取客户环节的目标

获取客户环节的目标是主要通过给客户提供其关心的品牌、产品、服务及其他信息，邀约客户到店体验，树立品牌和经销店形象，拓宽获取客户渠道，挖掘更多客户资源，从而赢得销售机会。

汽车4S店要进行资源整合、对客户资源进行分级，并安排相关人员进行跟进。这个过程中，销售人员要主动获取客户，同时也会接到客户打进店来的电话，那么应该如何进行处理对待呢？如图2-2所示，清晰展示了获取客户环节中各岗位的关键执行点。

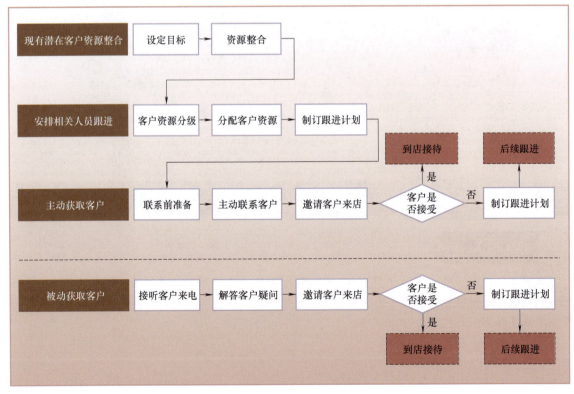

图2-2　获取客户环节关键执行点

另外，还要明确客户分类，掌握各类客户间的流动和转化。

在汽车销售中，把客户分为三类，而且三类客户可以相互转化和流动，如图2-3所示。

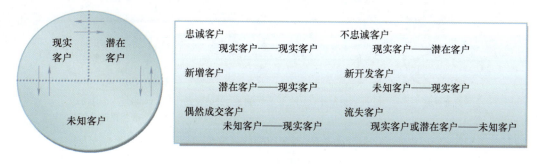

图 2-3　客户分类及流动

1. 客户的含义及分类

符合 MAN 法则的即为客户。MAN 法则：Money——有购买能力；Authority——有决策权力；Need——有需求。

客户分类标准详见表2-1。

表 2-1　客户分类标准

客 户 类 型	分 类 标 准
现实客户	有联系方式，已经成交了的客户
潜在客户	有联系方式，未成交或者成交后为了一段时间不可能再购买的客户
未知客户	没有联系方式，但符合 MAN 法则。不知道通过什么方式找到这样的客户，想要找到，就需要进行客户开发

2. 客户间相互转化

客户间相互转化详见表2-2。

表 2-2　客户转化流动表

转 化 类 型	转 化 诠 释
现实客户——现实客户	此类客户为忠诚客户。已经购买，再次购买还会在同一销售顾问处产生购买行为，也可能在本经销商处购买但不在同一销售顾问处产生购买行为
现实客户——潜在客户	此类客户为不忠诚客户。已经购买了，再次购买不在原经销商处，但是还有他的联系方式
潜在客户——现实客户	此类客户为新增客户。有联系方式，通过销售人员近期跟踪，最后买车了
未知客户——现实客户	此类客户为新开发客户。没有客户联系方式，但是通过活动等渠道，找到了其联系方式，最后购车了
未知客户——现实客户	此类客户为偶然成交客户。没有联系方式，但是客户偶然到经销商处就购买了车，从而获得了该客户联系方式
现实客户或潜在客户——未知客户	此类客户为流失客户。已经购车的客户，本来有联系方式，但是购车后换电话号或者其他原因找不到他的联系方式了

从客户转化流动表可以发现，在汽车销售中应该积极地开发、跟踪客户，与客户保持长久联系，保证正方向的流动而避免负方向的流失。

二、获取客户的重要性

要将汽车产品销售出去，首先要找到客户。企业拥有再好、再多的车，如果没有客户，就不能形成销售，从而造成积压。过去那种所谓的"酒香不怕巷子深"的说法，在当今的市场经济条件下遇到了严峻的挑战。销售业绩计算公式如图2-4所示。

图2-4　销售业绩计算公式

集客量＝首次进店/来电留档客户＋未留档客户
留档率＝（当期留档顾客÷当期集客量）×100%
留档成交率＝（当期成交数量÷当期留档数量）×100%

通过公式可以看出销售顾问的销售业绩与集客量密切相关，因此汽车4S店销售经理会对员工的留档率进行考核，目前留档率的要求为不低于60%。基于上述状况得出结论：销售业绩要好，就要有大的基盘客户。

三、获取客户的渠道

获取客户渠道主要有如下几种，如图2-5所示。

图2-5　获取客户渠道

其中网络获取可以通过多种网络渠道：如图2-6所示，网络获取客户的方法比较多，如通过经销商的官方网站，汽车垂直网站广宣推广，门户网站汽车频道，微信平台推广服务，经销商官方微博推送实时资讯，通信工具、群等生活栏目，网站论坛、论坛搜索等方式，都可以获取客户。

四、电话获取客户

电话沟通是获取客户的主要渠道，电话获取主要有两种方式，一种是通过给客

图2-6　网络获取客户渠道

户打电话主动获取客户（见图2-7），一种是接听客户来电被动获取客户（见图2-8）。

图2-7 拨打客户电话

图2-8 接听客户来电

1. 主动获取客户

通过各种方式获取了客户的相关信息，为了达成销售的目的，就需要邀请客户到展厅参观，邀请客户最常见的方法是通过拨打电话。拨打电话邀约客户到店的流程如图2-9所示。

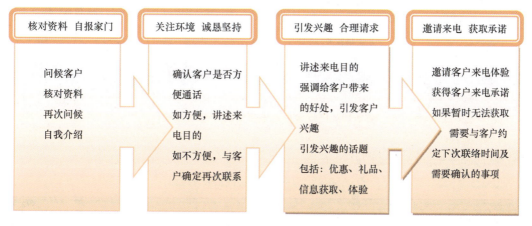

图2-9 拨打电话邀约客户到店流程

拨打客户电话技巧详见表2-3。

表2-3 拨打客户电话技巧

序号	步 骤	话 术	注意事项
1	打出电话准备		准备电话内容 准备可能需要的资料、文件等 明确通话对象背景和客户价值
2	拨打、问候、告知自己姓名	"您好！我是某某经销商销售顾问。"	电话中一定要报出自己的姓名，注意礼貌用语
3	确认电话对象	"请问某某先生在吗？""麻烦您，我要找某某先生""您好！我是某某经销商的某某某"	必须要确认电话的对象 如与所找之人联系上后，应该再次问候

（续）

序号	步　骤	话　术	注意事项
4	电话内容沟通	"今天打电话是想确认一下关于明天您来店看车的时间"	应先将沟通理由告知对方 对时间地点进行准备表达，希望对方能做记录 电话沟通后要有总结确认
5	结束语	"谢谢，麻烦您了""那就拜托了"	语气诚恳，态度和蔼
6	挂断电话		等对方先挂断电话

2. 被动获取客户

被动获取客户常用一种方式是接听客户来电，接听客户来电邀约客户到店的流程如图2-10所示。

图 2-10　接听客户来电邀约客户到店流程

接听客户来电技巧详见表2-4。

表2-4　接听客户来电技巧

序号	步　骤	话　术	注意事项
1	接听电话，礼貌问候告知经销商名称、自己职位、姓名	"您好，某某经销商，我是销售顾问某某，请问有什么能帮到您?"	在电话机旁准备好纸笔 保持正确的站姿和坐姿 语音和语调与客户保持一致 音量适度、表达善意
2	听取对方来电用意	用"是""好的""清楚"等回答	交流中切记主题，适时记录
3	确认对方姓名、意图	"先生如何称呼?……是某某女士!""我和您再确认一下，明天10点左右来看车对吗?"	确认对方相关事宜 简要回答问题 确认时间、地点、对象和项目
4	结束语	"请放心，我一定转达，感谢您的来电，祝您生活愉快，再见!"	致问候
5	等客户挂电话后再挂断		等对方先挂断电话

被动获取客户时双方在电话里关注的因素如图 2-11 所示。

图 2-11　被动获取客户时双方在电话中关注的因素

（1）客户关注的信息

车辆信息：车型配置、车型比对、车辆性能、资源状况。

价格信息：当期优惠、讨价还价后能不能便宜、竞品价格比对。

服务信息：优惠政策、服务内容、相关手续。

（2）销售顾问关注的信息

客户信息：姓氏、联系方式、来电目的。

购买信息：看车进度、购车意向、车型选择。

活动信息：支付方式、价格取向。

在短暂的电话沟通中做到高效、顺畅。这就要求销售顾问与客户之间互动，交换相应的信息。这样才能吸引客户到店。

温馨贴士：禁忌

1）铃响 3 声以上无人接听。

2）以"喂，谁呀，找谁"等作为第一声问候。

3）电话转了多人或转接多次。

4）电话中断或者让对方等待时间过长。

5）对方说话时没有回应。

6）对方讲话时和别人搭话。

7）先于对方挂断电话。

电话获取客户

1. 准备工作（见表2-5）

表2-5　电话获取客户的实训准备工作

场 地 准 备	工 具 准 备	课 堂 布 置	教师、学生要求
洽谈桌	记事本		
1把椅子	黑色碳素笔	4~5人/组，共计4组	着职业装
电话	红色碳素笔		

2. 分组活动

设计销售人员接听客户来电的电话话术，并能够规范模拟演练接听客户来电情景，完成项目表（见表2-6）。

3. 小组内交流讨论

1）任务资料内容：客户王凯打电话来一汽-大众华阳4S店，询问2021年新迈腾价格、配置及优惠活动，销售顾问刘鹏根据之前所做准备，将王先生邀约到店，进行了热情接待。之后王先生非常高兴地和销售顾问小刘攀谈了起来。

表2-6　项目表

完 成 项 目	完成项目具体内容
销售人员接听客户来电的电话话术设计	
规范模拟演练的关键点	
点评记录	优点	
	缺点	

2）各小组设计话术后，根据电话技巧和商务礼仪要求，规范模拟演练接听电话情景。一组选派一人扮演客户，另一组选派一人扮演销售人员，依次轮流进行。其他人当观察员，记录并点评优缺点。

4. 展示评比

小组代表模拟演练时间为3min/组左右。结束后教师进行评价（见表2-7），同时小组内自评、小组间进行互评（见表2-8）。

5. 评价表（见表2-7和表2-8）

根据各个小组的表现，填写表2-7和表2-8。

表2-7　教师评价表

序号	评价标准	完成情况	
		是	否
1	在电话机旁准备好纸笔，保持正确的站姿和坐姿		
2	铃响3声内接听电话，礼貌问候告知经销商名称、自己职位、姓名		
3	语音和语调与客户保持一致，音量适度、保持善意		
4	询问对方称呼		

（续）

序号	评价标准	完成情况	
		是	否
5	听取对方来电用意，交流中切记主题，适时记录		
6	确认对方相关事宜，简要回答问题，确认时间、地点、对象和项目（客户需求、客观关注点、二手车问题）		
7	确认对方姓名、意图，留下联系方式		
8	结束语，询问对方是否还有其他需求，感谢对方来电并送上祝福语		
9	客户挂电话后再挂断		

表 2-8　小组内自评、小组间互评表

序号	评价标准	分值	得分
1	明确获取客户环节阶段目标及该任务在企业中的重要性	10	
2	能够合理使用电话沟通技巧与客户沟通，并达到阶段目标	30	
3	能够充分在电话中获取客户关注的信息和销售人员关注的信息	30	
4	能够充分准备话术脚本，流畅自然完成任务	10	
5	能够积极主动邀约客户来电	10	
6	能够把握所有任务执行关键点	10	
合计得分			

学习单元二　到店接待

 **情境导入**

　　客户王凯打电话给一汽-大众华阳4S店，询问2021年新迈腾价格、配置及优惠活动，销售顾问刘鹏根据之前所做准备，将王先生邀约到店，进行了热情接待。进店之后，王先生非常高兴地和销售顾问小刘攀谈了起来。

 **学习目标**

目标名称	目标内容
理论知识	创造完美第一印象的要素
	建立良好关系
	到店接待流程
技术能力	学会创造完美第一印象和客户建立良好关系
	能够运用客户接待流程及技巧成功接待到店客户
职业素养	培养内外兼修的职业意识
	培养主动积极的心态和综合职业素养

客户进入4S店的销售展厅，就意味着销售顾问的接待工作开始了。当客户进入4S店展厅前，相关人员要做好接待准备工作：值班保安要对来访客户表示问候和致意，并要为客户指引展厅入口，如果客户是开车来店的，值班保安要引导客户将车辆停放到停车场，并安排人员为客户清洗车辆。如果下雨的话，值班保安要主动拿出雨伞出门迎接客户。4S店展厅接待流程起始于此，汽车销售顾问要做好汽车销售工作，也就必须从这里开始做好，做好展厅接待的关键点如图2-12所示。

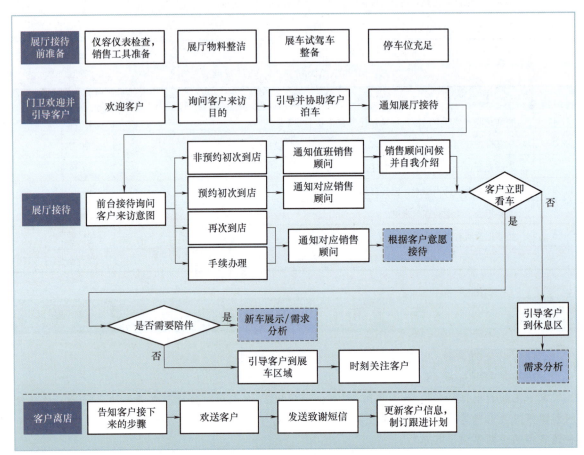

图2-12 展厅接待工作关键执行点

一、到店接待前准备

客户到店前，汽车4S店要做好相关准备，保证客户到店后能够留下良好第一印象并能顺利转向面谈。

（一）创造完美的第一印象

从汽车销售角度看，创造完美的第一印象主要做好以下三个关键点：展厅、展车和销售人员。

1. 展厅

（1）展厅人员 进入展厅的客户很多，任何一个人都是潜在客户，在他进入展厅的时候，有没有得到礼貌的对待，直接影响着某品牌的印象。这是一个重要的关键时刻，因此需要展厅人员重视。展厅人员不仅仅指销售人员，也包括保洁、保安等，见到客户做到"十步内向客户点头示意，五步内向客户微笑打招呼"。让客户感觉倍受欢迎、关注、尊重。针对不同类型到店客户（见图 2-13)，销售人员的接待方式也不一样。

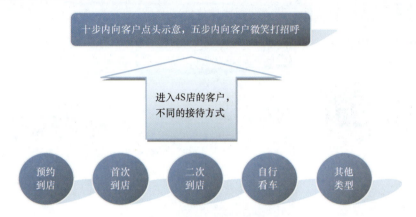

图 2-13　不同类型到店客户

具体不同类型客户的接待技巧详见表 2-9。

表 2-9　不同类型客户的接待技巧

序号	类　型	接 待 技 巧
1	预约到店	销售顾问应提前在前厅或者门外等待，以示对客户的尊重
2	首次到店	1min 之内上前接待客户，并询问来访意图
3	二次到店	询问客户是否选择之前接待或指定的销售顾问
4	自行看车	创造没有压力的看车环境，3min 之内主动上前再次接洽客户。同时，确保停留在客户的视线范围之内，如发现客户需要帮助，则主动上前提供帮助
5	其他类型 （维修、闲逛、寻厕）	维修——引领至维修服务区，介绍服务顾问
		闲逛——给予指引，如果需介绍，认真介绍
		寻厕——给予指引

需要注意的是，接待客户到店时，前台人员要态度热情、面带微笑（见图 2-14)，并且主动递送名片（见图 2-15)，询问来意后，引领客户进入展厅（见图 2-16)。

图 2-14　面带微笑

图 2-15　主动递送名片

图 2-16　引领客户
进入展厅

（2）展厅环境　展厅环境要保持清洁。洽谈桌（见图2-17）要干净，客户离店时烟灰缸里没有烟蒂；休息区沙发（见图2-18）舒适，沙发、茶几（见图2-19）摆放整齐，烟灰缸里有超过3个以上烟蒂，就应立刻清理；展厅内绿植盆栽清新茁壮；特别要强调的是卫生间，要没有异味，地面、墙面、洗手台等要保持清洁，营业期间要播放舒缓音乐。

图2-17　洽谈桌

图2-18　休息区沙发

图2-19　沙发、茶几

2. 展车

展厅内展车的要求是要干净整洁（见图2-20）、整齐摆放（见图2-21）、符合摆放标准。

图2-20　展车干净整洁

图2-21　展车整齐摆放

具体标准如下：

1）车轮装饰盖上的标识始终保持水平，转向盘上标识保持向上。

2）按要求摆放展车参数表，展车参数表应彩色打印，使用最新状态的参数表。

3）营业期间展车不上锁。

4）展车应去除内外各种保护膜，如座椅、转向盘、收音机、遮阳板、阅读灯和迎宾踏板等。

5）展车轮胎无灰尘，展车内和行李舱干净、整洁、无杂物，发动机舱干净无灰尘。

6）展车玻璃内外擦拭干净无手纹或水痕。

3. 销售人员

作为汽车销售人员，要赢得客户良好的第一印象。客户对销售人员的判断可以通过两个渠道。

（1）外表　客户通过外表能看到的一般有发型（见图2-22）、着装（见图2-23）等，第一眼看外在形象。

图 2-22　男士、女士发型

图 2-23　男士、女士着装

另外，小饰物（见图 2-24）的搭配，也能看出一位专业人员的品味。

（2）行为举止和谈吐　汽车销售人员是其所服务的汽车品牌的品牌形象大使，也是汽车 4S 店的代言人，所以销售人员的专业的行为举止和谈吐，如站姿（见图 2-25）、坐姿（见图 2-26）、走姿（见图 2-27）、送客（见图 2-28）等，有利于塑造良好的品牌形象，提升客户对品牌的满意度和忠诚度。

图 2-24　饰物搭配　　　　　图 2-25　男士、女士站姿

图 2-26　男士、女士坐姿

图 2-27　走姿　　　　　　　　　　　图 2-28　送客

4. 试驾车

整备试乘试驾车辆，保证车辆外部内部清洁无异味。检查所有试乘试驾车牌照是否有破损，确保车贴完好，保证燃油充足。整备完毕后，停留在预定的专用车位上。

5. 预留车位

展厅经理要统一安排停车位，预留足够车位供客户车辆停放。

（二）到店接待具体准备工作

销售人员至少要具备两个条件，一个是业务能力，一个是个人素质。前者表现为知识储备、专业能力，后者表现为商务礼仪、心态或者心理素质。为此，销售顾问要做好如下几方面准备。

1. 知识准备（见表 2-10）

表 2-10　知识准备

序 号	类　型	接 待 技 巧
1	企业知识	公司的介绍、公司的销售政策，例如让利和促销政策、服务的项目、产品库存等
2	产品知识	了解生产汽车的厂家、品牌，各款车的性能、功能及配置和竞品
3	市场知识	包括这款汽车在市场上的占有率，细分市场，与竞争车型的对比、优劣情况、行业知识等

（续）

序号	类　型	接　待　技　巧
4	相关汽车销售知识	汽车相关法律法规知识、汽车养护使用知识、相关金融知识、相关保险知识、丰富的社会知识
5	用户知识	客户心理、消费习惯、客户的购买动机、客户的爱好、客户的决策人购买力等
6	社会热点知识	当前社会热点新闻、奇闻逸事多了解多看，与客户有沟通话题

2. 工具准备（见表 2-11）

表 2-11　工具准备

序号	类　型	接　待　技　巧
1	iPad	录入 CRM 系统客户信息、汽车之家 App（车型配置、参数对比）、易车网 App（网评）、Safair 浏览器浏览网站信息（销量排行榜）车型 App、截屏保存相关信息
2	工具夹	品牌历史资料
		车型对比纸质资料、销售支持资料（车贷流程、车险、上牌、精品卖点及惠民补贴、二手车置换流程）车型常规保养报价单、配件价格报价表
		文件包（洽谈卡、试乘试驾协议书、路线图、报价单）
		其他文件（展示手册：产品展示手册、原装附加产品手册、金融衍生宣传物料、车主服务手册）
3	其他工具	小喷壶、U 盘、CD

3. 心态准备

销售人员处理具备上述内容外，还需要具备良好的心态，与客户建立良好关系。另外，还要通过关怀客户、与客户寻找共同话题、赞美客户等方式，尽量做到尽善尽美，给客户留下良好印象。

4. 商务礼仪的准备

经销商对员工仪容仪表具体要求详见表 2-12，也可以参考实训任务三中关于成功销售顾问应具备的特征环节所谈到的仪容仪表相关要求。

表 2-12　仪容仪表具体要求

面部	1）男士面部清洁，不蓄须，不留鬓角 2）女士面部化淡妆 3）腔无异味，餐后要刷牙
头发	1）男士头发不宜过长或过短 2）女士头发不过肩，过长需挽束，做到前不覆额、侧不遮耳、后不及领
手	保持手和指甲清洁，指甲修剪整齐，不染色
服饰	1）统一着装，佩戴胸牌（左上方口袋正上方 2cm 处） 2）套装上衣长度：手臂自然垂直，双手自然弯曲时手指第一节正好接触到西装上衣末端 3）服装表面没有脱线、衣领榴皱、纽扣松脱等现象 4）男士西装上衣扣保持扣住，最下方的衣扣始终不扣 5）女士着套裙，裙长至膝盖上方 1cm 6）外套熨烫平整，着统一浅色衬衫，每日更换 7）衬衫领口可以正好容纳 2 指伸入，不松不紧 8）领带宽度与西装上衣翻领相协调 9）男士领带，女士丝巾选择 100% 丝绸面料 10）男士黑色棉袜，女士肤色丝袜 11）男士黑色系带皮鞋，女士黑色船型皮鞋。皮鞋要擦拭干净，鞋跟磨损不严重 12）男士腰间不要佩戴手机或者其他饰物，女士佩戴的饰物应小巧精致

（1）言谈举止　言谈举止是一种职业规范。梅拉比安法则强调沟通效果的影响因素（见图2-29）时肢体语言在沟通中所占比例为55%，语言内容为7%，语音语调为38%。肢体语言传递人的态度，语音语调传递人的情感，另外就是语言内容传递。这几方面综合起来就是人的言谈举止。

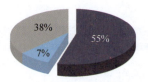

图2-29　梅拉比安法则

肢体语言55%
语言内容7%
语音语调38%

基于上述礼仪，我们在销售中应该注意如下内容：

1）表情管理。目光交流、微笑自然，别人会觉得，你很高兴与他认识。相反地，如果你的微笑是生硬的、勉强的，别人会认为，你并不是很乐意让他接近你。

2）称谓的选择和使用。一般情况下，称对方为某某先生、某某女士，这也是最为稳妥和最为普遍的一种称谓方式。

（2）介绍礼仪　介绍时应把身份、地位较为低的一方介绍给相对而言身份、地位较为尊贵的一方。介绍时陈述的时间宜短不宜长，内容宜简不宜繁。同时避免给任何一方厚此薄彼的感觉。

（3）握手礼仪（见图2-30）　握手的次序，一般都是女士先伸手，男士再握手。领导和上级以及长辈先伸手，下级和晚辈再握手。握手时还要避免上下过分地摇动。

（4）递送名片礼仪　初次与客户见面，应该热情主动打招呼，介绍公司和自己。然后递送名片，如图2-31所示。递送名片礼仪为：递送名片时要用双手，除了要检查清楚确定是自己的名片之外，还要看看正反两面是否干净。而在递送过程中，应面带微笑，注视对方，名片的位置是正面朝上，并以让对方能顺着读出内容的方向递送。

图2-30　握手礼仪

图2-31　递送名片

（三）建立良好关系

1. 建立良好关系的具体做法

接待客户，要获得客户的好感，才能使销售工作顺利进行，具体做法如下：

（1）关怀客户

1）致欢迎词。

2）询问来访意图，并按客户类型接待。

3）根据客户意向（看车/入座），接待客户。

4）关怀客户（交通、天气等）。

（2）通过寻找共同话题赢得认同

1）运用客户喜欢的沟通方式。

2）谈论客户感兴趣的内容。

3）找到共同话题（时事热点、流程词汇或其他共同点）。

（3）赞美客户

1）态度真诚。

2）要有事实依据。

（4）更高的人际敏感度

1）基于客户状态匹配相应的服务。

2）在整个接待过程中把握得当。

2. 建立良好关系的技巧

建立良好关系除了上述做法外，还要把握良好的沟通技巧，为销售工作开启一扇成功之门很重要，那么在到店接待环节运用的技巧总结如下：

（1）亲和力　亲和力的展示更多时候表现为微笑。下面给出两种笑的形式——兴奋大笑（见图 2-32）和真诚微笑（见图 2-33），大家看看销售中我们应该如何对客户笑。

同样是笑，兴奋大笑，给人喜出望外的感觉。在初次接触环节客户和销售人员都是第一次见面，如采用这样的笑，会让客户感觉过于热情，而增加客户的心理负担，让客户无所适从。

图 2-32　兴奋大笑

图 2-33　真诚微笑

再看真诚微笑。一般真诚微笑的时候都是对自己比较亲近的人和朋友，当客户进店的时候，我们心里想着客户就是我们的朋友，我们以朋友式的方式对待客户，客户就会觉得比较自然。这样可以拉近和客户间的距离，消除陌生感。

（2）赞美　赞美如同一门艺术，真诚自然的赞美才能让人感觉更舒服、自在、快乐，那么如何赞美才能达到预期效果呢，现在告诉大家赞美的具体做法：

1）具体明确，针对细节。

2）言辞简明，我字开头。

3）借用第二人称。

4）赞美的时候要微笑面对客户表达。

二、到店接待要求及规范

能够与进店客户相遇并接待的岗位主要有：门卫、前台、客服顾问及销售顾问。

1. 欢迎并引导客户

1）客户进入经销店，微笑问候，敬礼并询问客户到店目的。

2）根据客户来访目的，指引客户到展厅，或是服务接待区。

3）通过无线耳麦及时通知前台接待客户来访。

4）如果客户开车，主动引导客户进行停车。

2. 前台或者客服顾问接待礼迎客户

1）微笑问候欢迎光临（前台接待可由销售顾问轮岗）。

2）询问客户来访意图，确保了解每一名客户的类型。

3）对于非预约首次到店客户，按"销售顾问每日接待安排表"通知销售顾问进行接待。

4）对于二次到店老客户和预约客户，通知相应的销售顾问进行接待，如相应销售顾问不在，则告知客户，询问是否等待或接受其他销售顾问。

客服顾问（负责集客统计工作）：电子版"集客信息登记表"记录客户来店时间、接待销售顾问。

3. 销售顾问

1）在展厅 1min 内接待客户，并自我介绍递上名片。

2）请教客户姓氏，交谈时以姓氏尊称客户，对客户的同行人员也应问候，避免冷落。

3）根据客户的意愿，或引领到展车前，或邀请到洽谈区就座（朝向展车的座位留给客户）。

4）如客户表示想要自己先看车，按照客户意愿进行引导，但站在客户可以看到的地方，但勿跟随，过 3min 后，再主动接触客户后寻找机会与客户交流。

5）主动提供饮品，询问偏好，至少提供两冷两热。

6）询问客户了解经销商和大品牌车型信息的渠道，交谈共同话题，初步建立关系。

7）对客户充分关注，如有紧急事件，需征求客户的同意后离开，不要反复离开或长时间离开。

三、客户离店

客户离店意味着本次亲历过程的结束，销售顾问在客户离店环节所做的工作要求及规范如下：

1. 要告知顾客接下来的步骤

1）客户离开前，询问客户快速离店和没有做出决策的原因。

2）询问客户还需要提供哪些帮助。

3）告知客户接下来会联系客户。确定客户偏好的联系方式和联系时间。

2. 欢送客户

1）感谢客户在百忙之中光临经销店。

2）提醒客户携带随身物品，以免客户遗漏重要物品。

3. 短信问候

2 小时之内向发送短信，对客户光临表示感谢。不要打电话，以免打扰客户开车。

4. 制订跟踪计划

1）在 CRM 系统中及时更新客户信息。

2）完善"展厅集客量登记表"信息。

3）根据客户信息设置回访计划。

客户资源和客户信息是经销商赖以生存的数据基础，其不仅可以衡量经销商集客能力，而且通过对客户的分析，也可以为未来广告宣传媒体的选择与优化做出指导。所以，关注来店量，首先要关注客户登记管理（见表 2-13）。

表 2-13　来店客户登记表

专职人员填写				销售顾问填写						
到店时间	离店时间	客户形态	车牌号码	客户姓名	电话号码	客户职业	来店途径	意向车型	意向级别	接待过程说明（不少于30字）

特别要说明的是，在"来店登记表"的最后一栏是接待过程说明，并且要求填写不少于30字的内容，这一方面可以更加详实地记录客户的具体情况，另一方面也可以更好地保障客户信息填写的准确性。来店登记表的准确填写，可以帮助经销商汇总形成一张"来店客户流量统计表（见表2-14）"，以准确监控汽车4S店展厅的实际客户来店情况。

表 2-14　来店客户流量统计表

星期	09:00—10:00	10:00—11:00	11:00—12:00	12:00—13:00	13:00—14:00	14:00—15:00	15:00—16:00
周一	3	5	7	7	7	7	5
周二	3	5	7	7	7	7	5
周三	3	5	7	7	7	7	5
周四	3	5	7	7	7	7	5
周五	5	7	9	9	9	9	7
周六	7	9	11	11	11	11	9
周日	7	9	11	11	11	11	9
工作日（周一—周五）平均	3.4	5.4	7.4	7.4	7.4	7.4	5.4
周末（周六—周日）平均	7.0	9.0	11.0	11.0	11.0	11.0	9.0

日期：××××年××月××日　销售经理：××

日期：××××年××月××日　督导：××

客户到店接待

1. 准备工作（见表2-15）

表2-15 客户到店接待的实训准备工作

场地准备	工具准备	课堂布置	教师、学生要求
洽谈桌、3把椅子	记事本		
车型手册及文件夹	黑色碳素笔	4~5人/组，共计4组	着职业装
不少于3种饮品	名片		

2. 分组活动

学生分组设计汽车4S店前台岗位接待到店客户的话术，和客户建立正面关系，并按接待流程模拟演练接待情景，并完成项目表（见表2-16）。

表2-16 项目表

完成项目		完成项目具体内容
前台岗位接待到店客户的流程及话术		
规范模拟演练的关键点		
点评记录	优点	
	缺点	

3. 小组内交流讨论

1）任务资料内容：客户王凯打电话给一汽-大众华阳4S店，询问2021年新迈腾价格、配置及优惠活动，销售顾问刘鹏根据之前做准备，将王先生邀约到店，进行了热情接待。到店之后，王先生非常高兴的和销售顾问小刘攀谈了起来。

2）各小组设计话术后，根据到店接待流程和商务礼仪要求，规范模拟演练建立良好第一印象的接待情景。每组选派代表2人，一人扮演前台，一人扮演客户，依次轮流模仿演练，其他人做观察员，记录优点和不足。

4. 展示评比

小组代表模拟演练时间为3min/组左右。结束后教师进行评价（见表2-17），同时小组内自评、小组间进行互评（见表2-18）。

5. 评价表（见表2-17和表2-18）

根据各小组的表现，填写表2-17和表2-18。

表2-17 教师评价表

序号	评价标准	完成情况	
		是	否
1	在展厅1min内接待客户，微笑问候欢迎光临，询问客户姓氏，交谈时以姓氏尊称客户，若客户携带其他人员，也应问候，避免冷落，向客户递送名片（前台接待可由销售顾问轮岗）		
2	询问客户来访意图，确保了解每一名客户的类型		

（续）

序号	评价标准	完成情况	
		是	否
3	对于非预约首次到店客户，按"销售顾问每日接待安排表"通知销售顾问进行接待；对于二次到店老客户和预约客户，通知相应的销售顾问进行接待，如相应销售顾问不在，则告知客户，询问是否等待或接受其他销售顾问的接待		
4	根据客户的意愿，或引领到展车前，或邀请到洽谈区就座（朝向展车的座位留给客户）并提供3种以上免费饮品，还可以提供休闲小点心		
5	接待过程中赞美客户		
6	根据客户需求引荐专业销售顾问，并告知客户自己会在客户能看到的地方，随时可以提供服务		

表 2-18 小组内自评、小组间互评表

序号	评价标准	分值	得分
1	掌握展厅接待的客户接待流程	10	
2	能够根据所学知识制订来店客户展厅接待计划	20	
3	能够根据所学知识做好展厅接待的各项准备	20	
4	能够将所学展厅接待技巧（亲和力、赞美、提问等），成功应用到展厅接待客户环节，并成功接待客户	30	
5	能够成功留下客户联系方式	10	
6	能够成功更新客户信息	10	
	合计得分		

学习单元三　需求分析

客户王凯准备购买一款红旗HS7，公私兼用。王先生为私企老板，年龄45岁，平时喜欢喝茶、打球，有一双儿女，妻子偶尔也会开这款车，一家人也经常自驾游，购车预算20万~30万元，可以考虑贷款。客户的关注点为安全性、舒适性、科技性，注重环保节能。你是销售人员，该如何对上述信息进行分析并获取更多购车信息？

目标名称	目标内容
理论知识	需求概述
	需求分析流程
	需求分析的技巧

（续）

目标名称	目标内容
技术能力	能够区分客户需求类型
	能够熟悉运用需求分析技巧，收集客户购车全部信息
职业素养	培养学生灵活应变能力
	培养学生的真诚、值得信赖的综合职业素养

 知识准备

一、需求概述

1. 需求含义

需求的本质：客户的期望和现状之间的差距，如图 2-34 所示。

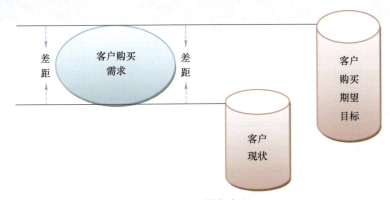

图 2-34　需求含义

客户购买现状：目前没有车；目前有车，但是 5 年前买的，由于当时经济条件不允许，所以所购买车型为比亚迪 F0，车体小，内部没有什么特殊装备，而且现在有了孩子，东北的冬天特别冷，孩子坐在车上座椅冰凉。

客户期望购买目标：客户现在经济实力增强，想换车，要求是三厢车、大气、商务兼私用，要有座椅加热、后视影像、导航。

通过对比，就可以发现两者之间的差距，这个差距就是需求。

需求分析就是要了解和发掘客户的现状和他所期望达到的目标，明确这两者之间的差距，就明确了需求。

2. 需求分类

根据冰山理论（见图 2-35），把客户的需求分为两类：显性需求和隐形需求。

在汽车选购中，表面的现象称之为显性的问题，也叫显性的动机；还有一种隐藏着的东西叫作隐性的动机。在冰山理论里会经常提到显性和隐性的部分，一个是在水面以上的部分，还有一个是在水面以下的部分。水面以上的部分是显性的，就是客户自己知道的、能表达出来的那一部分；水面以下的是隐藏着的那一部分，就是有的客户连他自己的需求是什么都不清楚，例如，某客户打算花十万元钱买车，可是他不知道该买什么样的车，这个时候销售人员就要去帮助他解决这些问题。还有一种情况是客户知道自己需求，但是他不愿意或者觉得不方便告诉销售人员，因为销售人员还不是他非常信任的人，这种状况下，销售人员既要了解客户的显性需求，挖掘客户的隐性需求，这样才能正确分析

客户的需要，从而在需求分析结束后推荐车型，客户的认可度才会高。

另外，客户的显性需求又被称为理性需求，而隐性需求又被称为感性需求。

理性需求都具有可衡量性，属于露在水上的冰山部分，如车型、配置、颜色、安全、经济、动力等。感性需求则相反，属于冰山隐藏在水下的部分，如相互攀比、彰显地位、表达情感、追求刺激、效仿他人、展示个性等。如图 2-36 所示，形象表示出客户的心理状态。

图 2-35　冰山理论

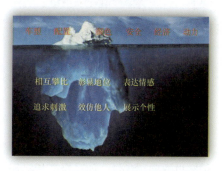

图 2-36　客户的显性需求和隐性需求

根据理性和感性特征，在汽车销售中可以通过挖掘客户的隐性需求，将隐性需求转化为显性需求，利于销售的成功。

3. 需求分析的阶段目标

需求分析如图 2-37 所示，该阶段目标就是在了解客户需求和购买动机基础上，深入挖掘其隐性和深层需求，从而提供最能满足或接近顾客需求的解决方案，引导顾客做出购买决策。由于现在汽车 4S 店衍生业务齐全，所以需要注意的是这里的"解决方案"，不再是简简单单地推荐一款合适的车型。在需求分析结束后，除了给客户推荐一款颜色、内饰、性能、装备、预算等符合客户需求的车型外，还要和客户确定下来是否贷款、是否二手车置换、是否加装等。

图 2-37　需求分析

二、需求分析原因

1. 了解客户的购买动机

由于客户的购买来自于需求，需求又分为显性和隐性两种，销售顾问在需求分析的时候要有方向感，就是引发客户需求，将需求转化为动机，动机越强烈，产生购买行为的可能性就越大。有时候客户的需求若隐若现，让人们捉摸不定，有时候也很难理解，但是客户的购买有自己的原因，大多情况下客户是不愿意暴露的。需求有隐性和显性之分，动机反应需求，因此也分隐性动机和显性动机两种，如图 2-38 所示。

从上述动机描述，可以总结出来典型的动机：

1）身份性：客户开什么车，希望能被其他人识别地位、经济实力等。

2）享受性：客户追求舒适的装备、试听系统、内饰环境要宽敞、有品位、高档豪华。

3）可信性：客户购车重点关注车的安全性能、质量品质要过硬、后续维修保养成本较低。

4）满足性：客户考虑的购车重点为操控性能灵活、加速性好，汽车瞬间就能快速反应，满足客户驾驶感。

5）展示个性：客户购车考虑与众不同，能体现个性，追求新潮、时髦。

6）表明归属性：购车的款式、颜色等能体现客户的职业、阶层、社会群体特征等。

图 2-38　显性动机和隐性动机

2. 准确了解客户的购车背景和需求重点

了解客户的购车背景，如私企老板、居住地离某品牌汽车 4S 店很近等，为后续做增值服务提供可靠依据。另外，还要充分了解客户的需求重点。很多时候客户进店不知道自己要什么产品，那我们可以先引导客户落座，询问客户目前开的什么车，感觉如何，当初为什么买，现在感觉哪里不好，这款车有哪些装备能改善客户的不良用车状况。通过询问帮助客户梳理思路，找到客户的购车需求重点。还有一种情况，客户对车型很明确，仍需要进行需求分析，原因是，只有充分把握客户的内心所想，接下来才能有针对性地向客户讲解产品，体现客户需求利益，激发客户强烈的购买欲望。

3. 赢得客户充分的信任

经过需求分析环节，销售顾问可以向客户展示销售顾问的价值所在，让客户在过程中感受销售顾问的专业性、销售顾问的真诚及友好，销售顾问完全是为了帮助客户解决也有能力解决购车问题而进行的销售活动，站在客户利益角度替客户着想，从而让客户在交谈中了解销售顾问的态度和提供总体解决方案的能力。

三、需求分析过程

1. 需求分析流程

需求分析具体如何进行，如图 2-39 所示。

图 2-39　需求分析流程图

（1）寒暄破冰　客户洽谈区落座后，提供饮品车型资料等、选择公开性话题、适时赞美客户，找出与顾客建立关系的突破点，如衣着、姿态、眼神、表情等，为了营造一个良好的沟通氛围（见图 2-40）。

（2）信息收集　主要是个人背景信息（例如客户的家庭情况、职业、兴趣爱好和朋友等）、现状信息、购车期望目标信息、预算信息（保险、贷款等）。

（3）总结确认信息　为了避免信息遗漏或者误

图 2-40　良好的沟通氛围

解，总结确认、得到客户认可可为后续车型推荐提供保障。

（4）推荐车型　根据客户信息收集情况，客户关注重点：不少于三个重点需求、要符合客户预算、得到客户认同方可推荐车型。

（5）引导看车　要告诉客户，这个环节结束了，顺利过渡到下一个环节。

2. 需求分析信息获取

为了达到需求分析环节的阶段目标：在了解客户需求及购买动机，在此基础上为客户提供合理的购车解决方案，要获取下列三类信息：

（1）购买角色信息　在汽车销售中，对于进店的客户，销售顾问要快速识别使用者、购买者、决策者及影响者身份，有针对性进行接待和应对，提高需求分析效果。

（2）客户性格类型信息　不同划分标准可以将性格划分为不同类型，通过下图 2-41 中的理性-感性、直接-间接两个维度，将客户划分为分析型客户、控制型客户、和蔼型客户和表达型客户四大类。

每种类型客户他们的性格特征、语言、肢体语言、个性特征等都有所不同，具体看下表 2-19，销售人员要能够快速辨别以采取有针对性的应对策略。

图 2-41　客户分类

表 2-19　四大类型客户性格特征、语言、肢体语言、个性、期望及应对策略

要　素	分析型客户	控制型客户	和蔼型客户	表达型客户
性格特征	有主见，不表达	有主见，表达	没主见，不表达	没主见，表达
语言	讲话声音小、少，谈话内容多为关注点，比较看重证据、事实	讲话多、声音大、速度快、比较看重证据、事实或数据	讲话声音小、慢、注重人际关系、关注有趣的人和事、犹豫不定	讲话声音大、速度快、讲究人家关系、关注有趣的人和事、精力充沛
肢体语言	双手环抱、插兜、没有表情	喜欢指指点点、双手合起、表情不多	微笑、有亲和力、姿态放松	喜欢指指点点、手张开、喜欢拥抱、握手
个性	慢、冷漠、没有亲和力、希望准确告知关注问题、敏感，保持适度的距离	反应快、希望被热情接待、关注人际关系和谐、目标任务明确、渴望快速解决问题，达成交易、控制欲较强、喜欢发号施令、不能容忍错误	喜欢建立良好人际关系、关注细节、不喜欢冲突、追求被认可、被接纳、受关注、受重视、不够主动、擅长倾听、关心别人、喜欢与人打交道，待人热情	反应快、易冲动、追求快乐、动作多、到处串、目标不专一、变化快、凡事喜欢参与、不喜欢孤独、擅长制造愉悦氛围
期望	实事求是、希望得到热情接待、受重视、注重细节	有权威、能主导整个场面、以自我为中心、直来直去、不在乎别人的情绪及建议、扮演决策者、冒险家	追求安全感、有足够的时间供自己思考、犹豫不做决定	希望得到认可、充分相信自己
应对策略	准备充分、知识专业、讲解准确、拿出充足的证明材料	给足面子，当机立断、速战速决，说话算数、直接回答	给充足的时间考虑、注意多关注、细节处让客户开心	注意关注、陪同、重视、尊重、帮助快速做决定，实现自己的想法

（3）客户购车相关信息　客户购车信息主要分为四大类详见表2-20。

表2-20　客户购车信息分类、说明及主要内容

序号	购车信息分类	说　　明	具　体　内　容
1	个人信息	汽车销售中，个人信息似乎与购车无关，客户也不愿意回答销售人员关于个人信息的询问，事实上，个人信息对购车有很多帮助，同时个人背景信息收集越完整，越有助于后续跟进和成交后的跟踪回访	个人信息主要包括：姓名、家庭住址、电话、使用者、购车用途、兴趣爱好、职业、信息来源、何时购买、决策者等
2	现在用车信息	现在用车信息的收集利于了解客户的现状，目前客户购车的关注点	现在用车信息包括：厂家、型号、车龄、里程、每年行驶距离、喜欢的理由、不喜欢的理由、换车的理由、突出的费用等
3	新车信息	客户将要购买的新车信息收集，有助于了解客户未来期望目标，与旧车信息对比，找差距，准备定位需求	新车信息包括：计划每年行驶里程、用途、参数选择、表现的特征、对比车型、附加装备、购车时间等
4	预算信息知识	客户的预算信息能够体现客户的经济实力，此时所指预算有两个方面：一是车的预算、一是车保险、上牌、购置税等算在一起的预算	此环节还要推荐金融服务，保险、贷款、二手车置换等业务

四大类信息收集完整，最后要总结确认客户需求，然后推荐车型；如果客户不满意，那么则需要重新进入需求分析环节。

四、需求分析技巧

1. 观察法

销售过程中，观察起到了很大的作用，那么销售顾问需要观察客户的哪些信息呢？结合图2-42，进行详细分析。

|　　（1）　　|　　（2）　　|　　（3）　　|　　（4）　　|

图2-42　一组观察对象

图（1）里的客户是2个人，我们要观察的内容是：随行人员关系、谁买车、关注指标、意向车型、决策者和使用者等。

图（2）里的客户是1个人，要观察的内容是：肢体语言、着装等。

图（3）里的客户是一家3口，要观察的内容是：随行人员关系、孩子、决策人、影响者。

图（4）里的客户是年轻情侣，主要观察内容是：肢体状态和意向车型、职业、兴趣爱好等。

综上所述，观察的内容详见表2-21。

表 2-21　观察客户信息内容

序　号	类　型	具 体 内 容
1	肢体语言	身材、眼神、肤色、站、坐、行走
2	服饰	手机、手表、皮包、首饰等
3	购买角色	家庭成员或者随行人员
4	交通工具	步行/搭车/开车——判断一次购车/换购/增购，品牌、置换、预购车型等

2. 提问法

营销成败的关键之一在于"是否会提问"，良好的提问在销售中起着重要的作用。

（1）提问的目的

1）通过提问可以展开需求会谈，并连续讨论，让彼此弄清楚相关问题。

2）通过提问可以进行异议处理、核实信息。

3）通过提问客户进行信息收集，把握客户购车背景和需求重点。

4）通过提问可以引起客户的关注，尽量保证客户的思路在销售顾问的引导下按规范走下去。

5）通过提问控制和调节谈话节奏。比如比较健谈的客户，说起来滔滔不绝的，就可以通过提问这种方式对客户所说进行总结提问，然后回到销售的轨道上来。

6）通过提问与客户建立和谐的关系。

（2）提问的方式及特征　提问的方式、作用及特征详见表 2-22。

表 2-22　提问的方式、作用及特征

序号	提问方式	作　用	特　征
1	开放式问题	答案不是固定的，开放式问题可以让对方发散思维。通过开放式问题的提问，可以收集客户更为广泛和准确的信息	（Who）谁：谁购买这辆车？ （When）何时：何时需要新车？ （What）什么：购车的主要用途是什么？对什么细节感兴趣？ （Why）为什么：为什么要选购这款汽车？ （Where）哪里：从哪里获得产品信息的？从哪里来？ （How）怎么样：认为这款汽车怎么样？
2	封闭式问题	答案是固定的，对方只能从某个范围中给出答案的问题。通过封闭式问题的提问，可以确认客户信息，得到肯定答案	答案是"是"或"否"

3. 倾听法

（1）"听"和"倾听"的区别　"听"的繁体字如图 2-43 所示，其本义为"用耳朵、一心一意、双面注视听王者说"。"听"和"倾听"的区别是：

"听（见图 2-44）"：被动地听。人们会主动去听与自己切身利益有关的信息，有一种是被动地听，被动地听实际上是一种假象。

"倾听（见图 2-45）"：主动地听，其表现为主动收集客户信息。另外，还要听弦外之音，了解隐性需求。

图 2-43　听的本义

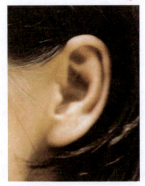

图 2-44 听　　　　　　　　　　　图 2-45 倾听

（2）倾听的注意事项（见表 2-23）

表 2-23 倾听的注意事项

序号	倾听注意的方面	具体注意事项
1	肢体语言方面	1）和对方的眼神保持接触 2）不可凭自己的喜好选择收听，必须接收全部信息 3）提醒自己不可分心，必须专心致志 4）点头、微笑、身体前倾、记笔记 5）回答或开口说话时，先停顿一下 6）以谦虚、宽容、好奇的心胸来听
2	语言方面	1）在心里描绘出对方正在说的 2）多问问题，以澄清观念 3）抓住对方的主要观点是如何论证的 4）等完全了解了对方的重点后，再提出反驳 5）把对方的意思归纳总结起来，让对方检测正确与否

4. SPIN 销售法

SPIN 销售法如图 2-46 所示，SPIN 是由背景问题、难点问题、暗示问题、需求利益问题四个单词首字母构成。

S	Situation	背景问题
P	Problem	难点问题
I	Implication	暗示问题
N	Need-Payoff	需求利益问题

图 2-46 SPIN 销售法

（1）背景问题　为了解客户目前背景而提出的问题。在销售过程中，通常前几句问话属于背

景问题，而此类问题发问的次数越多，成功的可能性越低。

（2）难点问题 针对客户可能经历的难点与不满而提出的问题，站在帮助客户的角度询问，深入挖掘客户可能面对的问题和困难。建议站在为客户解决问题的角度，而非产品的角度，来定义产品和服务，不要局限在强调产品所拥有的特征、功能等细节上。

（3）暗示问题 针对客户目前经历的问题、困难与不满，询问其相关后果或影响的问题，主要用于放大客户需求的迫切程度（挖掘痛苦）。这个问题是最难发问的一种，事先做好策划练习。

（4）需求利益问题 询问解决方案的价值，将需求转化为利益，主要用于解决客户的需求。在销售中多点多面地使用这类问题，它能够降低被拒绝的概率，客户回应比率会高很多。

客户购车需求分析

1. 准备工作（见表 2-24）

表 2-24 客户购车需求分析的实训准备工作

场地准备	工具准备	课堂布置	教师、学生要求
洽谈桌、3 把椅子	记事本		
车型手册及文件夹	黑色碳素笔	4~5 人/组，共计 4 组	着职业装
不少于 3 种饮品	名片		
1 辆红旗 HS7	iPad		

2. 分组活动

学生根据任务资料内容分组设计需求分析话术，并能够有针对性地推荐车型，帮助客户设计合理的购车方案，模拟演练需求分析情景，完成项目表（见表 2-25）。

表 2-25 项目表

完成项目		完成项目具体内容
需求分析技巧		
收集的客户信息包括哪几个方面		
规范模拟演练的关键点		
点评记录	优点	
	缺点	

3. 小组内交流讨论

1）任务资料内容：客户王凯准备购买一款红旗 HS7，公私兼用。王先生为私企老板，年龄 45 岁，平时喜欢喝茶、打球，有一双儿女，妻子偶尔也会开这款车，一家人也经常自驾游，购车预算 20 万~30 万，可以考虑贷款。客户的关注点为安全性、舒适性、科技性，注重环保节能。

2）各小组设计需求分析话术，规范模拟演练需求分析情景。每组选派代表 2 人，1 人扮演销售顾问，1 人扮演客户，依次轮流模仿演练，其他人做观察员，记录优点和不足。

4. 展示评比

小组代表模拟演练时间为 8min/组左右。结束后教师进行评价（见表 2-26），同时小组内自评、小组间进行互评（见表 2-27）。

5. 评价表（见表 2-26 和表 2-27）

根据各小组表现，填写表 2-26 和表 2-27。

表2-26 教师评价表

序号	评价标准	完成情况	
		是	否
1	自我介绍并递送名片、允许后就座、声音清晰、语速语音适中		
2	寒暄赞美自然得体		
3	能提供车型彩页等资料；资料正面面向客户，双手递送		
4	引入需求分析自然流畅		
5	根据客户需求引荐专业销售顾问，并告知客户自己会在客户能看到的地方，随时可以提供服务		
6	主动询问客户现在用车情况、购车用途、车辆使用者信息、购车预算		
7	能主动收集客户信息，客户信息有效性强，为推荐车型提供依据		
8	能够主动运用开放性问题和封闭式问题向客户了解对新车的关注情况（安全性、环保、排放等）		
9	主动推荐置换并提供相关优惠政策信息、主动提出帮客户进行车辆评估、适当赞美客户，能巧妙和专业地回应客户需求		
10	询问客户看车经历、挖掘客户对车型的关注点		
11	对客户信息进行总结确认		
12	结合客户需求推荐车型、包含售价、功能满足客户需求		
13	结合客户需求推荐车型排量，配置满足客户需求，引导客户看车		

表2-27 小组内自评、小组间互评表

序号	评价标准	分值	得分
1	掌握需求分析流程及关键点	10	
2	能够按顺序收集客户个人背景信息、旧车信息、新车信息及预算信息	30	
3	能够根据所学需求分析技巧，详细收集客户购车信息，并完成购车方案，成功推荐车型	30	
4	能够自然流畅、语音语调适中，甜美与客户攀谈，尽可能多地收集客户信息，保障推荐车型的有效性	20	
5	能够准备记录客户需求信息	10	
合计得分			

 学习单元四 车辆展示

情境导入

客户王凯准备购买一款奥迪车，公私兼用。王先生为私企老板，年龄45岁，平时喜欢喝茶、打球，有一双儿女，妻子偶尔也会开这款车，一家人也经常外出郊游，购车预算30万元左右，可以考虑贷款。客户的关注点为：安全性、豪华性、科技性、舒适性及环保节能，并要求有360°全景影像。销售顾问尹红新接待了王先生，并了解客户需求，现在带客户去看车。作为销售人员，如何在车辆展示环节增强客户的购买欲望？

学习目标

目标名称	目标内容
理论知识	车辆展示的目标
	车辆展示的要点
	车辆展示的技巧和方法
技术能力	能够熟练运用车辆展示的技巧和方法与客户沟通
	能够掌握车辆展示要点，结合展示技巧和方法专业地向客户介绍车辆
职业素养	培养学生创新、环保、节能意识
	培养学生专业的销售技能和良好的职业素养

知识准备

新车展示的本质就是销售主导下的产品介绍。在此环节，根据客户的购买意愿和认知先对客户的情况做出判断，然后确定介绍重点。

意愿是指购车意愿，认知是指对汽车行业及产品的了解。不同客户购车意愿和认知不同（见图 2-47），应对策略也有所不同。

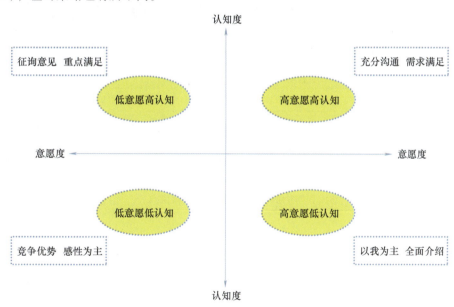

图 2-47　客户意愿度和认知度

1. 高意愿高认知

充分沟通、满足需求，再做优势强调即可。此类客户做了充分的资料准备，需求明确，趋向理性。

2. 低意愿高认知

征询意见，关注重点，再强调售后的方便和快捷。此类客户对车非常了解，或许自己有车，

或许出于兴趣来看新车，没有明确的需求和购买意愿。因此，要礼貌对待，重点关注，可能会对周围朋友的购买形成影响；有可能会成为潜在客户，所以强调售后主要针对其现在的车。

3. 低意愿低认知

竞争优势，感性为主，防范此类客户被竞争对手抢走。立即购买可能性不大，对车也不了解，需要车型高档，突出竞争优势，强调品牌的先进技术，以促使其形成对产品的良好印象。

4. 高意愿低认知

以我为主，全面介绍。客户有强烈的购买意愿，但是对车并不了解，或者存在错误认识，因此需要以销售为主导，让客户全面了解和体验产品，甚至争取在介绍完，就能促成成交。

一、车辆展示的阶段目标

1. 车辆展示环节客户期望

1）销售顾问能够清晰说明产品的功能配置以及与竞品的差异，并能够按照客户的需求展示产品。

2）销售顾问借助一切可能的辅助工具向客户展示车辆，提高车辆讲解的直观性与体验感。

3）销售顾问要展示专业性、可信任感，给客户带来对经销商和品牌的信赖感。

2. 车辆展示环节工作要点

车辆展示环节可以验证客户的购买需求重点，该环节工作要点见表 2-28。

表 2-28　车辆展示重点

序号	车辆展示重点	具体做法
1	突出客户重点需求，并为客户建立价值	此环节要突出客户的需求重点，如客户关注的重点是安全，那么展示车辆环节就要给客户讲并引导客户看安全的装备，那讲的方法和传递经销商及厂家理念的过程就是在客户心里建立价值的过程，让客户信任产品、信任厂家、信任经销商服务、信任销售顾问
2	准确把握任务方向	车辆展示环节就是结合需求看车，增强客户购买信心
3	使用 QFABQ 方法描述客户利益	为客户创设场景，让客户亲身感受情景，结合需求引导客户有使用某种装备，从而借机突出产品能给客户带来好处
4	引导客户互动和参与	和客户互动包括语言和肢体语言的互动，参与是调动客户各种感官，感受产品
5	妥善处理客户的问题和异议	车辆展示环节客户的异议多为真正异议，需要合理正确解决，才能建立产品和销售人员等方面的价值，化解客户的疑虑

3. 车辆展示环节阶段目标

1）通过丰富和专业的产品以及竞品知识，对客户的需求特点进行个性化的车辆展示，赢得客户的信任，激发客户体验的热情。

2）明确客户的需求，通过产品展示和异议处理来解决客户的相关问题和困惑，以进一步赢得客户对产品的认同。

3）通过展示，证明产品能最大限度满足客户需求，增强客户的购买信心。

二、车辆展示方法

1. 车辆展示任务流程

车辆展示流程理论上看，只有经历了"听—看—体验"才能真正感受车的品质，具体处理流程如图 2-48 所示。

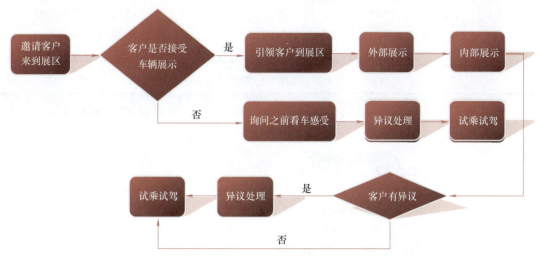

图 2-48　车辆展示任务流程

2. 车辆展示方法

经过需求分析后，客户一定会迫不及待地想要看到实车，亲自感受所要购买车型。这一阶段尽管是静态展示，但是销售顾问基于对客户需求的了解、客户意愿及认知的判断情况向客户全方位地介绍新车，目的是激起客户的购买兴趣和欲望。

（1）车辆展示方法及要点　车辆展示的方法主要是六方位绕车法，不同品牌六方位绕车稍有细微差别。例如，同是大众品牌，一汽-大众品牌则为"6+1"展示（见图 2-49），而一汽-大众奥迪的绕车就是六方位（见图 2-50）。以奥迪为例，来谈展示方位和展示要点（见表 2-30）。

图 2-49　大众品牌展示方位

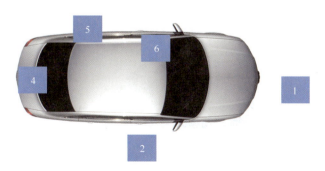

图 2-50　奥迪品牌六方位绕车法

接下来以一汽-大众奥迪品牌为例，进行六个方位展示：正前方（见图 2-51）、发动机舱（见图 2-52）、侧方（见图 2-53）、侧后方（见图 2-54）、后方（见图 2-55）、后排（见图 2-56）、驾驶舱（见图 2-57）及每个方位的展示要点陈列，具体见表 2-29。

表 2-29　车辆方位展示要点

方位号	方　位	展　示　要　点
1	 图 2-51　正前方	品牌理念 风窗玻璃 发动机舱盖流线 LOGO 前脸家族脸谱 前照灯 ……
	 图 2-52　发动机舱	发动机型号 数据 性能 作用 给客户带来的利益 竞品对比 ……
2	 图 2-53　侧方	简洁动感的侧面设计 轻质高强度悬架 安全技术——激光焊接 轻量化车身 外后视镜 轮胎 轮毂 ……
3	 图 2-54　侧后方	全车尺寸 全车外形 运动元素 ……

（续）

方位号	方　位	展示要点
4	图 2-55　后方	宽大稳重的尾部设计 方便使用的行李舱 行李舱挡沿硬度 行李舱空间 随车工具 备胎（全尺寸、非全尺寸） ……
5	图 2-56　后排	后排空间 空调出风口 中央扶手 遮阳帘 儿童安全锁 ……
6	图 2-57　驾驶舱	KESSY 无钥匙进入 以驾驶人为中心的内部设计 MMI 多媒体系统 发动机启停 自动驻车 仪表盘 空调 环保理念 ……

（2）车辆展示注意事项

1）六方位绕车进行车辆展示是一种全面的车辆介绍方法，适用于对车辆不熟悉的客户，如果客户对车型比较了解，就可以尊重客户意愿，从客户感兴趣的地方入手进行重点介绍，也就是根据客户的意愿和认知的判断，来确定绕车说明的重点位置。

2）展示车辆时动作规范专业，切勿单指指示，应五指并拢。

3）具备良好的车辆知识以及专业技能，并用通俗易懂的语言与客户进行交流。

4）在车辆展示时，可主动邀请客户进行亲自体验。

5）如果客户表示对车辆已经充分了解，无须车辆展示，询问客户的看车经历和感受，回答客户的异议，不强加进行车辆展示。

三、车辆展示技巧

1. FAB 技巧

FAB 技巧的具体含义如图 2-58 所示。

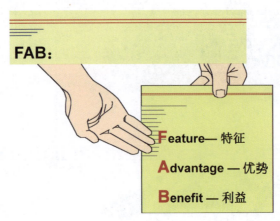

图 2-58　FAB 技巧

FAB 的含义及应用见表 2-30。

表 2-30　FAB 的含义及应用

FAB	含　义	应　用
F（Feature）—特征	能够说明产品的数据、事实、原理、参数及专业术语等	说明产品的属性与技术含量。对于信息参数及专业术语，要结合客户理解能力予以针对性解释，做到专业术语通俗化
A（Advantage）—优势	数据、事实或者原理是如何为客户带来帮助的	帮助客户理解特征的作用，也就是产品具有那样的特征能有什么好处
B（Benefit）—利益	产品的优点为现实客户带来的实际帮助，使用 QFABQ 方法展示特定客户的特定利益	不同的人从不同的使用状况看，装备的用处是不一样的，要找到能够彰显它价值的一面，那么客户就会觉得这个装备很好，很有用，值得拥有

2. CPR 技巧

CPR 是指处理客户异议的技巧，为客户提升价值，具体应用见表 2-31。

表 2-31　CPR 技巧含义及应用

CPR	含　义	应　用
C（Clarify）—澄清	客户异议处理方法中说，首先应该听和问，就是指的澄清	首先，通过开放式问题进一步澄清客户的异议。可以问 2~3 个和异议有关的主题，如异议的来源，异议产生的原因等 其次，销售人员要积极倾听确保准确理解客户的异议。这里的积极倾听要保证和客户情绪同步，让客户感觉备受关注
P（Paraphrase）—转述	销售顾问转述异议，帮助客户重新评估、调整和确认他们的担忧，保证能够正确理解客户异议	转述的过程就是给自己留时间思考如何处理，把客户的异议转化为更容易应对的表述形式，同时让客户感受到销售顾问已经知道、了解和懂了客户的心理，从而让客户能够很信赖销售顾问能够处理好自己的疑虑或不满

（续）

CPR	含　义	应　用
R（Resolve）—解决	"澄清"和"转述"获得的时间和附加信息有助于销售顾问充分准备，并用恰当方式予以解答	理解并认同客户的担忧或感受，需要致歉的时候必须代表公司道歉，同时给出合适的解决方案

3. ACE 技巧

ACE 是指比较竞品的技巧，充分体现出本品牌的价值，具体见表 2-32。

表 2-32　ACE 技巧含义及应用

ACE	含　义	应　用
A（Acknowledge）—认可	如客户来到奔驰店说"我觉得宝马品牌挺好"。面对这种状况就要先认可，认可客户的判断或观点，承认竞品的某些优点	我们可以回答"嗯，您很有眼光，宝马德系车，也是豪华品牌"，我们先不探讨客户为什么这么说，通过认可让客户首先心理上和情感上接受，为后续接受您的观点做好铺垫
C（Compare）—比较	承接"认可"，我们进行竞品比较，主要围绕以下方面进行： 车辆本身（配置、参数、评分、残值等）、厂家（声誉、历史及支持等）、经销商（声誉、经营年数、服务项目、营业时间等）、相关服务特点（质保、服务便利、俱乐部等）	通过具体的事实或者数据来说服客户，有时候客户心里确实接受了，但为了争取更大的利益而矢口否认，此时我们要学会察言观色
E（Evaluate）—提升	通过"认可—比较"过渡到"提升"	深入地讲解与比较，并特别突出本品牌车型的竞争优势所在

4. 调动感官技巧

人的感官有：味觉、视觉、听觉、嗅觉、触觉。在汽车销售中除了味觉外，其他都可以充分应用，具体如图 2-59 所示。

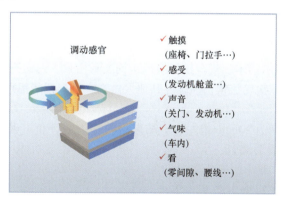

图 2-59　调动感官及感官应用

5. 增加感染力技巧

了解客户需求状况下，引导客户看车，展示客户利益。因此，要运用肢体语言增加感染力。

眼神：始终微笑与客户交流。

手势：每过渡到下一个方位的时候，都要有专业的符合商务礼仪的引领手势。另外，还有就是客户关注的装备，要有符合商务礼仪的手势所指，增强可以的关注度和强化客户利益，为后续成交做铺垫。

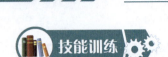

车 辆 展 示

1. 准备工作（见表2-33）

表2-33　车辆展示的实训准备工作

场地准备	工具准备	课堂布置	教师、学生要求
车型手册及文件夹	iPad		
1辆奥迪车	文件夹	4~5人/组，共计4组	着职业装
白色手套	记事本和笔		

2. 分组活动

学生根据任务资料内容运用FAB法和车辆展示技巧分组设计车辆展示话术，模拟演练车辆展示情景，完成项目表（见表2-34）。

表2-34　项目表

完成项目		完成项目具体内容
FAB的运用		
六方位车辆展示卖点介绍		
规范模拟演练的关键点		
点评记录	优点	
	缺点	

3. 小组内交流讨论

1）任务资料内容：客户王凯准备购买一款奥迪车，公私兼用。王先生为私企老板，年龄45岁，平时喜欢喝茶、打球，有一双儿女，妻子偶尔也会开这款车，一家人也经常外出郊游，购车预算30万元左右，可以考虑贷款。客户的关注点为：安全性、豪华性、科技性、舒适性及环保节能，并要求有360°全景影像。

2）各小组设计车辆展示话术，规范模拟演练车辆展示情景。每组选派代表2人，一人扮演销售顾问，一人扮演客户，依次轮流模仿演练，其他人做观察员，记录优点和不足。

4. 展示评比

小组代表模拟演练时间为10min/组左右。结束后教师进行评价（见表2-35），同时小组内自评、小组间进行互评（见表2-36）。

5. 评价表（见表2-35和表2-36）

根据各小组的表现，填写表2-35和表2-36。

表2-35　教师评价表

序号	评价标准	完成情况	
		是	否
1	车辆展示过程中运用了FAB和CPR技巧		
2	车辆展示中运用了赞美、亲和力强，展示自然顺畅		
3	车辆展示礼仪洽谈标准（蹲姿、手势等）		

（续）

序号	评价标准	完成情况	
		是	否
4	能根据客户需求进行车辆展示		
5	不恶意贬低竞品，针对客户需求点多方面进行竞品对比介绍，强调本产品优势		
6	产品介绍过程中，注重客户反馈，并能够利用封闭式提问确认客户对关注点的感受		
7	整车介绍完，主动询问客户感受		

表2-36　小组内自评、小组间互评表

序号	评价标准	分值	得分
1	掌握新车展示的流程及关键点	10	
2	掌握新车展示的方法，按照六方位绕车进行介绍	30	
3	能够根据所学新车展示技巧，向客户通俗易懂地展示车辆	30	
4	能够自然流畅、语音语调适中，甜美与客户攀谈，尽可能引导客户互动参与	20	
5	能够及时询问客户对关注点的满意程度	10	
	合计得分		

 学习单元五　试乘试驾

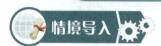 **情境导入**

　　客户王凯打电话给华阳奥迪4S店，询问2021年新迈腾价格、配置及优惠活动，销售顾问尹红新根据之前做准备，将王先生邀约到店，进行了热情接待，经过与客户的需求分析，看过现车，准备真实体验驾乘感受。销售顾问通知了试驾专员，一起陪同客户试乘试驾。你是试驾专员，请你按照试驾流程并运用试驾技巧陪同客户试乘试驾。

 **学习目标**

目标名称	目标内容
理论知识	试乘试驾的准备
	试乘试驾流程
	试乘试驾的技巧
技术能力	能够熟练使用试乘试驾流程
	能够运用试乘试驾技巧学会试乘试驾
职业素养	培养学生的安全意识
	培养学生与人沟通能力和专业的职业素养

知识准备

一、试乘试驾的阶段目标

通过试乘试驾（见图2-60）来印证客户需求利益，可以提升客户满意度。

图 2-60　试乘试驾验证客户利益

另外，经销商可以更好地宣传经销商的产品和服务，在客户心中建立产品价值和经销商价值从而增加客户的购买欲望，促进、提高和获得新车销售机会。该环节的阶段目标如下：

1）让客户在真实道路状况下进行试乘试驾，利于消除客户的疑虑，促进其购买的信心，同时也有助于提升客户的满意度。

2）通过试乘试驾充分调动客户对于新车的感官接触，培养客户对品牌和新车的感情。

3）通过提供与客户需求相匹配的试乘试驾路线如图2-61所示，更深入地介绍产品特点从而激发顾客购买欲望，最终导向具体的销售活动。

图 2-61　试乘试驾路线

二、试乘试驾的准备

每位客户需求不同，试乘试驾感受不一样，为达到试乘试驾目标，满足客户期望，试乘试驾前应该做好所有准备，具体见表2-37。

表 2-37　试乘试驾前准备

序号	准备事项	准备内容
1	方案的准备	由于客户需求不同，试乘试驾体验的重点也不一样，为了使客户的重点需求通过驾乘感受来得以强化，要先和试驾专员沟通好客户需求重点，从而准备相应的试驾方案

（续）

序号	准备事项	准备内容
2	车辆准备	保证车辆外部整洁，内部清洁无异味；保持车内音响适度，准备 CD（3 张不同风格的 CD）预先放在试乘试驾车内，试乘试驾时可以供客户选择；确保车内空调适宜（一般温度为 25℃）；准备瓶装水；保证燃油充足（半箱油以上）；确保车贴完好。整备完毕后，将试驾车停在展厅门口，下车等待客户
3	时间的准备	根据客户时间而定，如果客户没有要求，选择比较合适的时间，比如避开上班高峰期，夏季天气比较炎热，避开午间时段
4	驾驶资格的确认	需要提前向客户确认是否带驾照，询问客户是否有两年以上实际驾龄，以保证试驾的安全
5	试乘试驾协议准备	客户试乘试驾前需要签署协议，应该提前做好文件的准备，避免客户到店等待

三、试乘试驾的流程

为了达到试乘试驾的阶段目标，试乘试驾要有一定的流程和规范，具体试乘试驾流程（按成功的邀约顺利完成试乘试驾全过程来介绍）如图 2-62 所示。

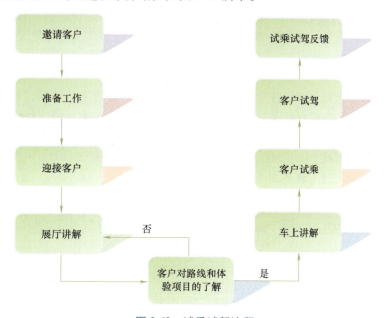

图 2-62　试乘试驾流程

1. 邀请客户

车辆展示结束后，主动邀约客户试乘试驾，也可以主动电话邀约客户至店试乘试驾，寻找销售机会。

2. 准备工作

试乘试驾的准备内容见表 2-37。

3. 迎接客户

按照接待礼仪迎接客户，引导客户落座提供 3 种以上饮品；复印驾照，签订协议。

4. 展厅讲解

向客户介绍试乘试驾路线以及所需要的时间，介绍每条路线的体验点，给客户一个建议，并询问客户的选择。之后讲解具体路线长度、时间、每一路段的体验重点以及注意事项等信息。

5. 客户对路线和体验项目的了解

客户完全了解后，引导客户上车；如果客户还不了解，应重新讲解。

6. 车上讲解

陪同客户到试驾车前，主动向客户介绍试乘试驾专员，将路线选择和客户重点体验点告知试驾专员。邀请客户进入主驾驶位置，采取半蹲式在车外讲解车辆的基本操作。重点介绍包括多功能仪表、座椅、内外后视镜以及多功能转向盘等调节，同时对客户感兴趣的设备进行针对性的介绍，销售顾问陪同。需要注意的是引领的商务礼仪和蹲姿。

7. 客户试乘

邀请客户进入到副驾驶位，提醒前后排客户系好安全带，保证客户安全，必要时协助客户系好安全带。重点体验原地起步加速、直线加速、紧急制动、连续转弯、坏路通过，对客户感兴趣的功能重点展示。需要注意的是在每次不同体验项目前向客户简单介绍接下来的体验重点，在急加速或者急转弯等体验项目前，提醒前后排客户系好安全带。结束后询问客户感受，并寻求认同，回答客户的疑问。

8. 客户试驾

试乘结束后在指定的安全地点停车熄火，取下钥匙，邀请客户进入到驾驶室，上车后把钥匙交与顾客，提醒客户调节座椅、后视镜以及转向盘等到合适的位置，提醒前后排客户系好安全带，必要时协助客户系好安全带。在每个试驾路段告知顾客体验的重点，适时赞美客户的驾驶技术，寻求客户的认同。

9. 试乘试驾反馈

陪同客户到洽谈区，试驾专员停放整理试驾车。询问客户是否需要饮品，并按客户的喜好提供饮品，与客户交谈，了解客户试乘试驾的感受。引导客户做出正面评价，填写"试乘试驾意见反馈表"记录客户的试乘试驾反馈。结合客户的感受进一步介绍车辆性能，同时回答客户的异议，了解客户对车辆的认可程度。

上述试乘试驾流程执行关键点如图 2-63 所示。

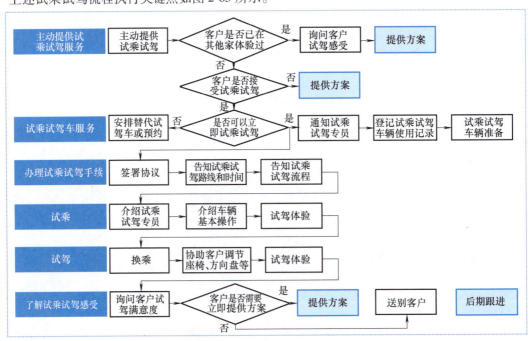

图 2-63　试乘试驾流程执行关键点

四、试乘试驾技巧

1. 建立客户价值技巧

试乘试驾可以使客户对产品和经销商等产生认可，促进销售成功。那么如何建立价值？给大家介绍一种方法就是运用 FAB 话术，具体见表 2-38。

表 2-38　试乘试驾中 FAB 话术使用

路　段	体验项目	建立价值		
		F	A	B
直线路段	制动性保持	本车采用浮动式制动钳以及多连杆的悬架系统	能保证左右轮的制动片和制动盘间隙始终一样，同时稳定的多连杆悬架系统保证车辆大力制动时底盘系统不会剧烈变形	所以制动时车辆不跑偏，保证车辆的稳定性，提高了行驶安全性
		本车采用 EBD，也就是电子制动力分配系统	能够在制动时自动计算所需要的制动力	
	ABS 效能	ABS 也叫作防抱死制动系统	车辆紧急制动时，ABS 会采用点刹的形式来防止车轮抱死，使得车辆在制动时仍然处在可控的状态下	在车辆发生危险的瞬间，保证车辆的安全性

2. 寻求认同技巧

试乘试驾过程中，销售顾问在每个路段告知客户体验的重点，寻求客户的认同，建立价值，具体做法通过试乘试驾话术来体现：

销售顾问："王先生您看，前方我们就要进入笔直的直线路段，我们来体验车的瞬间加速性能。我们的车 0～100 公里加速时间为 9 秒，加速后您会感觉到有明显的推背感。接下来保持安全状态您感受一下。"

销售顾问："王先生您刚才感受了车的瞬间加速性，您看我们的车提速是不是很快，而且还有明显的推背感？"

我们要在每一个路段，应该结合客户需求进行提前告知客户感受什么，会有哪些感受，接下来让客户体验，体验后进行封闭式问题验证。

3. 营造氛围技巧

在试乘试驾过程中，为了营造良好氛围，需要适时应用赞美技巧、展现亲和力技巧、合理运用手势等。

试　乘　试　驾

1. 准备工作（见表 2-39）

表 2-39　试乘试驾的实训准备工作

场地准备	工具准备	课堂布置	教师、学生要求
车型手册及文件夹	试乘试驾协议		
1 辆奥迪车	试乘试驾反馈表	4～5 人/组，共计 4 组	着职业装
白色手套	记事本和笔		

2. 分组活动

学生根据任务资料内容运用 FAB 法分组设计试乘试驾话术，模拟演练试乘试驾情景。完成项目表（见表 2-40）。

表 2-40 项目表

完成项目		完成项目具体内容
FAB 的运用		
试乘试驾方案及话术设计		
规范模拟演练的关键点		
点评记录	优点	
	缺点	

3. 小组内交流讨论

1）任务资料内容：客户王凯主要购车需求为安全性、舒适性等技术装备，如 ESP、独立悬架、紧急制动性能、预碰撞系统、自适应系统、无钥匙进入、一键启动、座椅的人体工程学设计、转向盘的 12 项可调节功能等。

2）各小组设计试乘试驾方案，并根据方案设计试乘试驾话术，规范模拟演练试乘试驾情景。每组选派代表 2 人，一人扮演销售顾问（或者试驾专员），一人扮演客户，依次轮流模仿演练，其他人做观察员，记录优点和不足。

4. 展示评比

小组代表模拟演练时间为 10min/组左右。结束后教师进行评价（见表 2-41），同时小组内自评、小组间进行互评（见表 2-42）。

5. 评价表（见表 2-41 和表 2-42）

根据各小组的表现，填写表 2-41 和表 2-42。

表 2-41 教师评价表

序号	评价标准	完成情况	
		是	否
1	主动提供试乘试驾服务，介绍试乘试驾带给顾客的好处，告知大概所需要的时间		
2	方案设计合理		
3	试乘试驾流程执行规范		
4	试乘试驾技巧应用合理		
5	试乘试驾中 FAB 应用合理		
6	试乘试驾中有肢体语言的参与，增强感染力		
7	试乘试驾重点突出，客户体验明显		

表 2-42 小组内自评、小组间互评表

序号	评价标准	分值	得分
1	准确掌握试乘试驾流程	10	
2	掌握试乘试驾流程的关键执行点	30	
3	能够根据所学试乘试驾技巧，向客户提供体验功能	30	
4	能够自然流畅、语音语调适中，熟练介绍并让客户体验其所关注性能	20	
5	能够及时询问客户是否体验到所关注的装备带来的感受，增强客户的购买欲望	10	
合计得分			

 学习单元六 提供方案

 情境导入

在华阳奥迪店内，销售人员尹红新为客户王凯提供了热情接待，并详细进行了需求了解，得

知客户想要一辆 C 级车，对动力、安全、舒适等方面有需求，而且客户王凯是私营企业老板，生意规模不大，但自己经济条件还好，准备购买一部预算在 40 万元左右、可以接送客户也可以外出旅游使用的车。销售顾问小尹最终给客户推荐了奥迪 A6L，并带王先生看了车，安排了试乘试驾，客户表示很满意，但还要进行比对，接下来销售顾问尹红新给王先生提供了一份购车方案。请你以销售人员的身份，向客户提供金融方案和价格解释，促进销售成功。

目标名称	目标内容
理论知识	提案成交环节阶段目标
	提案成交环节的工作重点
技术能力	能够成功进行提案成交
	能够推荐合理的购车方案
职业素养	培养学生诚信意识
	培养学生应变能力、观察能力和专业的职业素养

对于大多数客户来说，试乘试驾后是热情度最高的时刻，因此这是推荐新车的最佳时刻。在提供方案环节，推荐一款合适的车辆对于后续成交尤为重要，要想推荐一款适合客户的车辆，就务必要了解客户真实的需求和感受，从而给客户提供合理的购车方案。

在提供方案环节的执行关键点如图 2-64 所示。

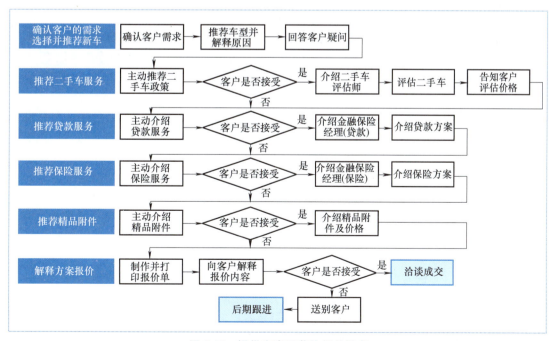

图 2-64　提供方案环节执行关键点

在提供方案环节，销售顾问会再次根据客户需求推荐车辆，并和客户确认车辆颜色、配置等，除此之外还会询问客户关于二手车置换、贷款、保险、精品等方面的需求及汽车 4S 店内的优惠政策，作为报价成交的优势，抓住机会促进销售成功。

一、提供方案环节阶段目标

1. 目标

试乘试驾结束，接下来的环节就是顺利进入提供方案环节，如图 2-65 所示，此环节的阶段目标如下：

1）在车辆展示和试驾后，客户认同产品的价值，有效管理客户价格预期，便于提供详细专业的报价方案。

2）通过对方案的充分诠释，包括贷款、保险、二手车置换等增值服务，并将这些转化为报价的优势。

3）通过向客户清楚解释报价，让客户以合理的价格买到合适的车辆和服务。

2. 工作要点

（1）确认客户的需求选择并推荐车型　该环

图 2-65　提案成交场景

节要和客户再次确认产品车型，并解释推荐该车型的原因，如客户有疑问，要耐心解答，帮助客户消除疑虑，抓住合适的机会推进成交。

（2）推荐二手车服务　此时销售人员要主动向客户介绍汽车 4S 店二手车置换优惠政策，询问客户置换与否，如果需要向客户推荐二手车评估师进行车辆评估，并给出评估价格，作为购买新车的一部分资金。

（3）推荐贷款服务　不管客户是否进行二手车置换，都应该主动向客户推荐贷款服务，告诉客户贷款优惠政策及好处，并根据客户实际情况进行贷款方案介绍。

（4）推荐保险服务　客户购车后都需要有一份安全的保障，此环节要主动向客户推荐新车保险，告诉客户在汽车 4S 店保险的好处，为客户提供哪些方便和利益，说服客户在店内保险。

（5）推荐精品附件　此环节需要进行产品确认，其中也包括根据客户需求合理推荐精品及附件，这也是汽车 4S 店增加收入的一个渠道。

（6）解释方案报价　在完成上述工作要点后，要制作并打印报价单，向客户解释本次购车的价格组成。客户认同，进入洽谈环节，否则客户会离店，要热情送客户离店，而后进行后续跟进。

二、提供方案环节产品确认

销售顾问要充分了解需求后才能进行产品确认，而客户在最终确定产品配置时，会希望销售顾问能够提供专业的意见，而专业的意见必须是基于客户的需求出发，并且该产品配置"适合"客户的预算。另外，在精品及选购件上，销售顾问不能进行"强行推销"。

1. 产品确认前提

（1）准确把握客户的需求与预算　销售顾问推荐车型必须符合客户需求和预算两个因素，因此在销售中销售人员要紧紧围绕这两个因素进行合理优化推荐，以便提高客户满意度。

（2）需求分析、车辆展示、试乘试驾等环节引导客户的需求　需求分析、新车展示及试乘试驾环节，销售顾问可以根据店内车辆库存状况对客户的需求进行引导，尽量让客户购买有现车的车型。

2. 产品确认内容

在提供方案环节，销售顾问和客户进行产品确认的内容主要有：发动机和变速器搭配（发动机和变速器如何搭配能给客户带来最大利益）、车辆颜色（和客户探讨车辆不同颜色优缺点，让客户选择车辆颜色）、精品及选购件（选择哪些精品及选装装备，会给客户带来哪些好处，对于不购买或者不在店内购买精品或附加装备的客户，销售顾问应该全面了解客户需求，从客户需求出发进行推荐。对于新手，可以推荐导航和倒车雷达；利用爱护新车的心理，推荐底盘装甲、发动机底护板）等。

3. 产品确认方法

在客户的需求和预算两个因素的制约下，为了避免客户想要的产品没有货，必须做到：实时了解车辆库存情况，然后根据库存情况，在产品确认前的几个环节中，有意识地引导客户购买现车，清楚客户的预算，如果现有的车型高于客户的预算，可以适时提及贷款购车业务。可以利用的方法为：可以和客户分享不同发送机和变速器组合的优点，引导客户，让客户认可所推荐的车型；另外还可以和客户分享关于车辆各种颜色的优缺点（见表2-43），引导客户，让客户认可所推荐车型的颜色，但不能欺骗客户。

表 2-43　车辆不同颜色优缺点

颜　　色	优　　点	缺　　点
白色	安全性高/耐脏	非金属漆/漆面软易发黄
银色	中庸不惹眼/耐脏 视觉扩张性/车显得大	无个性
红色	活跃/有活力 视觉冲击激励/回头率高	不适合商用/不太适合男性
黑色	庄重/比较适合商用	安全性低/不耐脏 视觉收缩性/车显得小
蓝色	中性色	后褪色/易产生视觉错觉

三、提供方案环节推荐二手车置换服务

二手车置换业务对促进新车销售的作用很大，因此要大力发展二手车业务。目前，二手车交易规模持续增长，2018年二手车交易量已经超过新车交易量（见图2-66）。

单位：百万辆，数据来源：中国汽车流通协会

图 2-66　二手车交易量与新车交易量对比

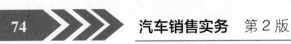

1. 二手车置换环节的客户期望

客户希望在4S店进行二手车置换时，能够得到公平合理的估价，而且在整个交易中4S店都能够做到规范诚信。同时在估价的过程中，希望评估师能够讲明所估出的价格依据，做到估价流程透明。二手车置换中，旧车的价格往往会成为新车价格谈判的一个影响因素，销售顾问需要对此有认识。

2. 二手车置换的多赢局面

二手车置换可以给厂家、经销商、销售顾问及客户带来诸多好处，可以说二手车置换业务是一种多赢的局面，具体见表2-44。

表2-44　二手车置换业务的优势

对　象	优　势
厂家	活跃、频繁的二手车交易，使市场不断处于更新状态，可以促进厂家新车的销售业绩
经销商	1）通过旧车的回购，可以在旧车的二次交易中获利，增加新的利润增长点 2）通过旧车的二次交易，可以提升售后维修业务的增长 3）客户卖出旧车，购买新车的可能性非常大，可以促进新车的销售
销售顾问	引导客户卖旧，客户换新的可能性就很大，可以增加自己的销售业绩
客户	客户通过卖旧，获得购车的另外一笔资金，购买更高档次车可能性会增大

3. 销售顾问在二手车置换业务中的职责

（1）主动推荐二手车置换服务　销售顾问主动向客户推荐二手车置换业务，并强调在4S店进行车辆置换的好处，让客户省心；详细讲述二手车置换的流程，让客户安心；让客户感受透明的估价和协商流程，使客户放心。

（2）介绍二手车评估师与客户认识　在需求分析环节尽早了解客户对于旧车的态度，公正讲述目前二手车置换三种不同途径的优缺点。强调在4S店进行置换的方便、节省时间、规范、专业、流程透明等特点，积极利用店内所举办的各种二手车置换的优惠活动。客户如想置换，介绍二手车评估师与客户认识，进行车辆评估。在客户有二手车进行置换时，尽管很多专业的问题需要二手车评估师来处理，销售顾问最好也能在场，关注客户在这个过程可能出现的问题，及时进行外部沟通和内部沟通，以免失去客户。

根据调查显示，在中国主要处理的方式有三种：有36.5%的人选择卖给二手车经纪公司；有35.6%的人选择卖给朋友；约21.4%的人选择通过4S店进行旧车置换。

这三种方式的优缺点见表2-45。

表2-45　二手车置换三种方式优缺点

序号	方　式	优　点	缺　点
1	卖给二手车经纪公司	卖车价格可能比较合理	消费者很难把全车手续交给一个陌生的人
2	卖给朋友	利于朋友间相处	因碍于朋友面子，以这种方式卖车的价格往往低于市场价格。车在后期使用中出现问题，有可能会产生一些不愉快，影响朋友之间的关系

（续）

序号	方　式	优　点	缺　点
3	通过 4S 店进行旧车置换	卖旧换新同步进行。4S 店置换新车，消费者图的是方便通过置换购买新车，不仅为车主节约了出售二手车所需要花费的时间、精力和费用，而且由于专营店品牌化经营的特点，客户在专营店置换二手车过程中不必有受骗上当的担心	无

四、提供方案环节推荐衍生服务

衍生服务汽车贷款和汽车保险对经销商、销售顾问及客户都会有诸多好处，大力推荐汽车贷款和汽车保险将会形成多赢的局面，详见表 2-46。

表 2-46　汽车贷款、汽车保险带来的多方利益

服务对象	利　益		
	衍生服务	汽车贷款	汽车保险
经销商	增加整车销量 提升新车投保率 增值服务与盈利	通过向客户提供车贷服务，经销店可以卖出更多的车，增加销售收入	通过向客户提供车险服务，当客户发生交通事故或车辆受损时，会到 4S 店进行定损和维修，从而增加经销店维修服务的收入
销售顾问	提升销售业绩 绩效收入，完成 KPI 提高客户满意度	通过向客户提供汽车贷款服务，使部分预算不够充足的客户也可购买到车，或者使原本购买低端车的客户可以购买中高端车，从而实现更多的销售	通过向客户提供汽车保险服务，销售顾问可以增加自己的销售业绩和收入
客户	选车少受资金制约 可选升级或高配车型 提前拥有汽车	通过汽车贷款购车，对于预算不足的客户而言，可以及早拥有汽车；对于预算充足的客户，可以将钱用于其他收益高的领域，获取收入；对于想购买高配置车辆的客户，可以及早用上高配置的汽车	在 4S 店购买车险，可以定损、理赔、维修不用花费太多的精力，非常省心

销售顾问在推荐衍生服务方面的具体职责如下：

（1）主动向客户推荐衍生服务　作为销售顾问应该主动推荐衍生服务，或许所有客户都可能期望被询问到是否对贷款购车感兴趣，他们或许期望被告知有关贷款购车的可选方案，并期望与全款支付的客户享受同等礼遇，并且希望在各种贷款购车方案的优缺点分析上得到销售人员专业的帮助，希望获得所有必要信息以便做出明智决定。所以销售人员要主动推荐汽车衍生服务，给需要衍生服务的客户带来更专业、便捷、有利的服务。

（2）能够应对客户在贷款购车前常见的反对意见　销售中客户在贷款购车方面常常会提出的很多反对意见，销售顾问应该给予灵活应对，具体的应对策略见表 2-47。

表 2-47　贷款购车常见问题及应对策略

序号	常见问题	应对策略
1	车是消费品，没有必要通过贷款的方式购买	的确如您所说，车和房产相比，不会保值增值，属于消费品。拥有一辆汽车可以给生活提供很多方便，使上下班、外出郊游等都变得很轻松。您采用贷款购车，不会给您增加成本，剩下来的钱，如果您用于投资的话，同样可以保值增值。这样您既享受了生活，又可以灵活支配
2	贷款手续太繁琐	我非常理解您的想法，您讲的这个问题，很多客户在一开始都是这么讲的。但他和我们的衍生服务经理沟通后，会发现只是准备一些证明文件就可以了，其余的事情交给我们处理就好了
3	会造成个人信息的泄露	我非常理解您的想法，现在个人信息的泄露的确很严重，泄露了相关信息会被各种电话和短信骚扰。我们的金融公司都属于规范运作的大企业，绝对不会泄露您的相关信息。其实，很多时候个人信息的泄露都是通过一些不经意的渠道泄露的，如发名片、网站注册等，绝对不会通过金融公司泄露出去的
4	我的条件能够申请贷款吗？	关于您的情况是否符合贷款购车的条件，您和我们的衍生服务经理沟通一下，他会详细告诉您的，不会占用您很多时间，大概一刻钟就可以了
5	贷款购车和全款购车会享受同样的待遇吗？	我非常理解您的想法，其实贷款购车和现金购车只是购车费用的支付方式不一样而已，其他方面的待遇完全一样的，这个您不用担心
6	贷款购车和全款相比，哪种方式更加合算？会不会增加我的购买成本？	您有这样的想法，我非常能理解。现在采用贷款购车，×期是免利息免手续的，没有任何额外的成本。如果您采用×期的贷款购车服务，与现金购车相比，只是多××钱，但是，您可以提前享受方便很多年，而且剩下来的钱可以用于其他的投资，假设收益率为×的话，您可以多赚×钱，您看是不是非常的划算，不仅不会增加成本，还会增加您的收入呢

（3）能够利用销售工具向客户介绍汽车保险方案　专业销售顾问要能够利用汽车保险计算公式及销售工具（如计算器等），向客户介绍汽车保险，并能够根据客户需求建议合理优化的汽车保险方案。

（4）介绍衍生服务顾问与客户认识　在涉及汽车贷款专业性问题咨询的时候，销售顾问应主动邀请衍生服务经理与客户见面，让衍生服务经理为客户做专业的讲解、介绍和建议。

 技能训练

提 案 成 交

1. 准备工作（见表 2-48）

表 2-48　提案成交的实训准备工作

场地准备	工具准备	课堂布置	教师、学生要求
车型手册	金融方案政策文件		
1 辆奥迪车	市场优惠活动政策文件	4~5 人/组，共计 4 组	着职业装
至少 3 种饮品	记事本和笔		

2. 分组活动

学生根据任务资料内容设计推介金融方案（二手车置换、贷款、保险、精品及附件等）和价格应对话术，并模拟演练推介情景，完成项目表（见表 2-49）。

表 2-49　项目表

完 成 项 目		完成项目具体内容
运用市场活动策略促进客户成交，制作报价单		
规范模拟演练的关键点		
点评记录	优点	
	缺点	

3. 小组内交流讨论

1）任务资料内容：在华阳奥迪店内，销售人员尹红新对客户王凯进行了热情接待，并详细进行了需求了解，得知客户想要买一辆车，对动力、安全、舒适等方面有需求，而且客户王凯是私营企业老板，生意规模不大，但自己经济条件还好，准备购买一部预算在 40 万元左右，可以接客户也可以外出旅游的车。销售顾问小尹最终给客户推荐了奥迪 A6L，并带王凯看了车，安排了试乘试驾，客户表示很满意，但还要进行比对，接下来销售顾问尹红新给王先生提供了一份购车方案，推荐客户贷款并进行二手车置换等业务，经过具有多年销售经验的小尹的建议和价格解释，最后王先生成功购买了奥迪 A6L。

2）各小组设计提案成交的话术脚本，并规范模拟演练提案成交情景。每组选派代表 2 人，一人扮演销售顾问，一人扮演客户，依次轮流模仿演练，其他人做观察员，记录优点和不足。

4. 展示评比

小组代表模拟演练时间为 5min/组左右。结束后教师进行评价（见表 2-50），同时小组内自评、小组间进行互评（见表 2-51）。

5. 评价表（见表 2-50 和表 2-51）

根据各小组的表现，填写表 2-50 和表 2-51。

表 2-50　教师评价表

序　号	评价标准	完成情况	
		是	否
1	能主动为客户续杯，提醒团队合作		
2	确认客户购车颜色，并确认所购车型库存情况		
3	确认客户是否加装精品，站在客户立场为其推荐保险		
4	为客户进行快速、清晰的口头报价，并经客户确认		
5	运用市场活动策略促进客户成交，优惠政策不少于 3 项		

表 2-51　小组内自评、小组间互评表

序　号	评价标准	分　值	得　分
1	把握提案成交环节阶段目标	10	
2	报价成交环节主动推荐保险、贷款、精品等业务	30	
3	能够熟练推荐并解释贷款业务方案	30	
4	能够准确制订报价成交单	20	
5	能够根据客户背景状况推荐合适的报价成交方案	10	
	合计得分		

客户王凯在华阳奥迪店看车后，因临时有事处理，便离店，销售顾问尹红新留下了客户的电话，并表示后续活动力度大或者有其他购车消息会告知客户，并得到客户认可。请你以销售顾问小尹的身份，打电话询问客户的购车意向，并邀约客户到店再次进行试乘试驾。

目标名称	目标内容
理论知识	客户跟进的步骤
	客户跟进的方式和技巧
技术能力	能够熟练运用客户跟进技巧成功跟进客户
职业素养	培养学生主动积极的态度
	培养学生销售中的沟通交流能力

对客户来说，购车也是昂贵的奢侈品，需要反复思考。所以，后续跟进环节就显得相当重要。后续跟进客户环节工作的关键点主要是两大方面，如图2-67所示。

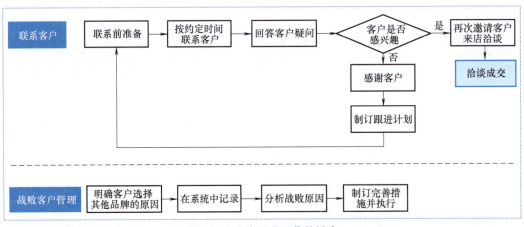

图 2-67   后续跟进环节关键点

一、后续跟进的阶段目标

当客户在精挑细选目标车型的时候，销售顾问应尽可能地让客户在开心愉悦状况下和客户多接触、有目的地"闲聊"，掌握客户购车动态，最终达到如下目标：

1）以合适的理由、方式和时间来跟进客户，为客户提供重要信息，引导客户做出购车决策。

2）了解客户的决策状态与疑虑，确定客户对产品和报价的态度，并对疑虑进行解释或澄清。

二、后续跟进的重要性

如图 2-68 所示，第一次接触就能做成生意的比例只占 5%；80% 的客户是在 4～11 次跟进中实现成交的。通过这二组数据，不难发现在销售过程中"跟进"的重要性。

当然，持续的跟进依然可以动态化地了解客户的需求变化，客户的需求变化体现在对车型的需求发生了改变或是对衍生服务的需求发生了变化。在持续跟进的过程中，通过跟进的频次，使销售顾问与客户之间的关系进一步密切，站在与客户更近的角度可以加深感情铺垫，为整个交易减少障碍。

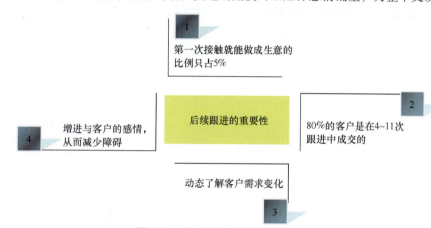

图 2-68　从表述和数据看跟进重要性

三、后续跟进的时间及步骤

掌握好跟进的时间和时机非常重要，时间太长会造成客户的流失，时间太短则会让客户觉得构成骚扰，觉得厌烦。

另外，销售人员还需要找到合适的理由和客户进行联系。每一次对客户的跟进都要确定目标，这样才能检测跟进是否达成了目的。和客户联系后，根据和客户的沟通，对客户的相关情况会有进一步的了解，就需要整理资料，做好下一步的跟进计划。具体跟进步骤如图 2-69 所示。

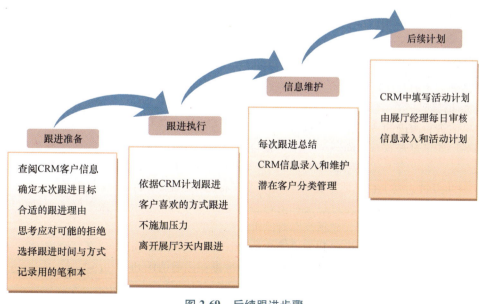

图 2-69　后续跟进步骤

销售顾问在每一次跟进过程中需要锁定此次跟进的目标，同时也需要寻找合适的跟进理由，让客户觉得顺理成章，避免被看成是骚扰。根据销售实践得知，后续跟进的目标和理由很多，这里列举几种，如图2-70所示。

跟进目标	跟进理由
邀约客户展厅面谈，预约试乘试驾	新的市场活动、新颜色、新车型到店
了解未购车原因及关注因素	新技术讲座、爱车讲堂
实现客户转介绍	活动邀请（儿童绘画、周年店庆等）
同意上门拜访、送资料	试驾体验

图 2-70　后续跟进目标和理由

四、后续跟进的方式

后续跟进方式有多种，在整个跟进的过程中，最为主要的跟进方式依然是电话跟进（见图2-71）。除此还有相关的辅助方式，如微信、短信、QQ、拜访等。

通过表2-52剖析每一组跟进方式的优势、劣势以及适用的人群。

图 2-71　电话跟进客户

表 2-52　跟进方式、优缺点及适用人群

方　式	电　话	短　信	微　信	QQ	拜　访
优　势	直接、迅速	强化印象、信任感	了解更多信息	方便登录、建立关系、迅速、互动性更强	更加深入、拓展点较多、容易获得信任
劣　势	反感情绪	到达率低	延迟性、滞后性	延迟性、滞后性	局限性、花时间长
适用人群	大部分人群	大部分人群	相对年轻人群	上班族、年轻人群	公司、大客户

电话是最常用的客户跟进方式，要把握好度，不能过于频繁，打电话时要注意客户的环境需求，是否方便接听。

通过电话进行跟进的话，什么时间打电话比较合适呢？

如果客户周末过来看车，周一早上不是很合适，因为这个时间客户可能会比较忙，下午2~3点则比较合适，如果客户比较感兴趣可以约客户下班后到展厅详谈。平时也是上午11点半左右，或者下午3~4点钟，周末打电话不要太早，11点左右比较合适，或者下午打电话。

电子邮件，发送后，需要通过短信和电话通知客户及时查收。优势在于电子邮件可以附加一些能够对客户施加影响的链接，包括汽车对比及评测信息。

传真用得比较少，发出后需要和客户确认是否收全，是否清晰完整。

邮寄的资料一定要能够给客户带来惊喜，比如优惠券、邀请函和小礼品等。

五、后续跟进技巧

1. 电话跟进三步法

电话跟进是最常用的方法，跟进步骤如图 2-72 所示。

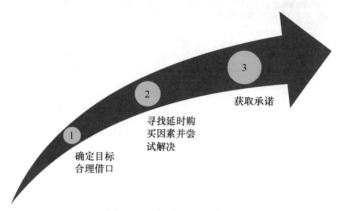

图 2-72 电话跟进三步法

具体跟进步骤、方法及应对话术详见表 2-53。

表 2-53 电话跟进步骤、方法及应对话术

步 骤	方 法	话 术
确定目标合理借口	在进行电话跟进前一定要根据前期和客户的接触情况，确定电话跟进要达成的目标，比如：邀约客户到展厅试乘试驾、上门拜访等	"刘先生，您好。我是××店的销售顾问张××。您现在讲话方便吗？" "今天给您打电话主要是因为上次您想看的车到店了。"
寻找延时购买因素并尝试解决	通过问"是什么"和"为什么"搞清楚客户迟迟未做决定的原因。 客观评价客户的疑虑并予以影响与改变	"您上次看过车之后，一直没有消息，我想您是在比较不同的品牌，如果您信得过我，我可否给您提供一些建议。" "当然，和竞争品牌相比，这辆车的价格可能稍微有些高，但是如果从性价比的角度来看，这辆车的性价比是最高的。"
获取承诺	与客户一起确定下次接触的时间和方式	"您上次来店比较匆忙，也没有来得及进行试乘试驾，周六和周日，您哪天不忙？您来看车的时候，我给您安排一次试乘试驾，相信通过试乘试驾您一定会对这辆车有新的认识。" "周六上午还是下午？我好给您预约试乘试驾的时间。" "谢谢您，×先生，祝您工作愉快。周六上午见。"

2. 微信跟进技巧

智能手机时代，短信到达率低，且客户只能被动接受、体验差，如果可以通过即时语音、视频、文字、图片等形式进行沟通，就可以为车主提供更完美的体验，这种方式可以是微信（见图 2-73）。

利用微信关注客户朋友圈，可以实时了解客户动态。一是基于客户生活状态把握其车型需求，二是通过微信维系可以增加与客户关系的黏性，为后续的成交做好铺垫。

在微信回访的过程中销售顾问可以从以下几点出发：

1）尽可能在留档环节添加客户的微信账号。

2）通过文字、语音、图片、视频等方式恰当地传递相关信息。

3）转发公司公众账号的市场活动信息。

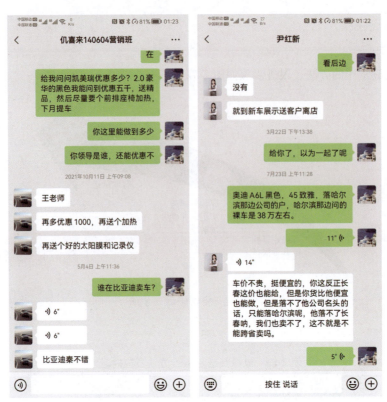

图 2-73　汽车销售微信方式跟进客户

4）传播公司公众账号。

5）通过朋友圈了解客户日常生活现状，从而达到深入了解客户的目的。

六、后续跟进环节应对客户拒绝的策略

面对客户拒绝时，最重要的是要有同理心，换位思考、设身处地地站在客户的角度考虑，让客户觉得你和他是在共同面对问题，使客户愿意和你交流。具体应对策略如下：

第一步：站在客户角度考虑问题。

常用的句式有：

1）我非常理解您的想法……

2）您这样想我非常理解……

3）很多客户一开始也有这样的想法……

4）很少人会想到这些问题，您还真是这方面的专家……

第二步：转移客户关注点。

所谓转移不是推诿，而是转移客户的关注点，将客户关注点从拒绝转移到对问题的思考和解决上。

常用的句式有：

1）您这样说，是不是说明您更关注车辆的动力性……

2）您不愿意和您的好朋友购买同一款车？

3）您太太的意见呢？

4）是不是您的朋友给您提了一些其他的建议呢？

第三步：提出合理的请求。

通过了解客户拒绝的理由，根据客户的实际情况做出合理请求，使客户抛弃拒绝态度，再次考虑

购买您所销售的车型或者品牌。最好的方法是，提出一些客户感兴趣的话题，吸引客户到展厅来。

常用的句式有：

1）我建议您带着您的朋友来体验一下，您看本周六可以吗？我提前给您预约一下周六下午的试乘试驾，相信您的朋友体验完之后也会改变主意的。

2）您的太太如果有空的话，我建议您带她到我们的展厅来看一下现车，毕竟她也是主要的用车人。您看，周六下午可以吗？

下面给大家列举一些销售实践当中客户拒绝的案例及应对话术（见表2-54）供大家参考。

表2-54　客户拒绝案例及应对话术

案　　例	话　　术
"我最近很忙，没有时间处理这件事。"	"不好意思，打扰您了，我知道您很忙，所以今天不会占用您很长的时间，您只需抽出一点时间，全当是休息一下了。或者：非常抱歉打扰到您，我也知道您很忙，我只占用您2min的时间和您沟通一下，因为上次向您提到过的优惠活动就要结束了。"
"我觉得丰田凯美瑞挺不错的。"	"您真的很有眼光，丰田凯美瑞的确不错，空间大、油耗低、内饰也不错。而迈腾的优势是在于发动机和变速器，德国车和日本车的关注重点不一样，主要看看您看中哪个方面了。当然，像您这么专业的人，肯定知道发动机和变速器是一辆车的核心部件，我记得您上次来没有进行试乘试驾，如果您这周六有时间，我帮您预约试乘试驾，您看好吗？"
"你们的价格超出了我的预算。"	"根据那天我们沟通的结果，从价格上看，的确比较适合您的那个配置的车是比您的预算高了一点，如果从性价比来看，相信您也同意，它的性价比是最高的，不过，这个不应该成为阻碍您决策的因素。我们这边有车贷服务，现在您选择的话，可以享受免利息免手续的优惠。"
"我还得再考虑考虑。"	"我非常理解您的想法，购车毕竟是一项重要的决策，需要您花费时间来考虑。这段时间，您肯定看了其他的车，需要作对比衡量。如果您相信我的话，不妨说给我听听，我也给您一些意见。"
"我对你们的车已经很了解，等我决定买的时候再联系你吧。"	"有很多客户看完车之后，都会这样说。上次，有个客户对我说这样做的目的是为了避免冲动的情况做出不理性的选择。不知道您是否也是因为这个原因才决定再考虑的？"
"我还需要和我太太商量一下。"	"您这样说我非常能够理解，购车毕竟是一件重要的决策，肯定需要考虑到您太太的意见。刘先生，不知道您太太有什么想法？或者：您这样说我非常能够理解，购车毕竟是一件重要的决策，肯定需要考虑到您太太的意见。不过，上次您来看车的时候，好像您太太没有来，如果您对车感兴趣的话，您看本周六上午是否方便，您带太太过来亲自体验一下，我现在给您做一个试乘试驾的预约。"

后续跟进客户

1. 准备工作（见表2-55）

表2-55　后续跟进客户的实训准备工作

场地准备	工具准备	课堂布置	教师、学生要求
车型手册	记事本和笔	4~5人/组，共计4组	着职业装
电脑、电话			
文件夹			

2. 分组活动

学生根据任务资料内容设计采用电话方式跟进客户的话术，并模拟演练跟进客户情景，完成项目表见表 2-56。

表 2-56　项目表

完 成 项 目		完成项目具体内容
电话跟进客户的步骤		
电话跟进客户理由设计		
规范模拟演练的关键点		
点评记录	优点	
	缺点	

3. 小组内交流讨论

1）任务资料内容：客户王凯在华阳奥迪店看车后，因临时有事处理，便离店，销售顾问尹红新留下了客户的电话，并表示后续活动力度大或者有其他购车消息会告知客户，并得到客户认可。请你以销售顾问小尹的身份，打电话询问客户的购车意向，并邀约客户确定时间内至店再次进行试乘试驾。

2）各小组设计电话跟进客户的话术脚本，并规范模拟演练电话跟进情景。每组选派代表 2 人，一人扮演销售顾问，一人扮演客户，依次轮流模仿演练，其他人做观察员，记录优点和不足。

4. 展示评比

小组代表模拟演练时间为 5min/组左右。结束后教师进行评价（见表 2-57），同时小组内自评、小组间进行互评（见表 2-58）。

5. 评价表（见表 2-57 和表 2-58）

根据各小组的表现，填写表 2-57 和表 2-58。

表 2-57　教师评价表

序　号	评价标准	完成情况	
		是	否
1	回忆上次与客户交流情景，确认并分析客户未成交原因，准备话术，同时思考本次电话的主题		
2	48h 内通过客户偏好的联系方式与客户联系		
3	从客户感兴趣点出发跟进，安排再次试乘试驾		
4	邀请客户来店再次协商价格，但不能给客户造成压力		
5	在与客户沟通过程中，力求扮演一个符合客户需求导向的销售顾问，更好地与客户交流		

表 2-58　小组内自评、小组间互评表

序　号	评价标准	分　值	得　分
1	把握后续跟进的技巧	10	
2	后续跟进环节话题的选择比较恰当	30	
3	能够根据后续跟进客户步骤，较为温婉地与客户联系	30	
4	能够准确制订报价成交单	20	

（续）

序　号	评价标准	分　值	得　分
5	能够根据客户背景信息及购车需求制订合理的跟进计划，并完善客户关系管理系统	10	
合计得分			

学习单元八　洽谈成交

情境导入

华阳奥迪销售顾问尹红新对王先生的购车需求已经了解过，也引导其进行了新车展示并完成了奥迪 A6L 的试乘试驾，回到展厅后王先生依然频频回头看试乘试驾车，之后自己又到展厅外试乘试驾车里坐了一会，返回展厅后向销售顾问又询问了售后服务等情况。请你以销售人员身份，根据客户的表现，推进洽谈成交。

学习目标

目标名称	目标内容
理论知识	洽谈成交的目标
	洽谈成交的时机
	洽谈成交价格处理方法
技术能力	能够熟练运用洽谈成交方法和技巧
	能够成功进行洽谈成交
职业素养	培养学生主动服务的意识
	培养学生良好的沟通习惯和专业的职业素养

知识准备

有的销售人员说，"到了最后这个关键环节，总是很紧张。有时候甚至因为经验不足，不知道该怎么办"。那么如何处理会更好，除了有多年的洽谈经验外，还要掌握必要的洽谈知识，另外还需要我们掌握洽谈成交环节如图 2-74 所示的工作关键点。

一、洽谈成交的阶段目标

1）通过车辆展示和试乘试驾，客户对产品的价值充分认同，在此基础上，给客户提供包括贷款、保险和二手车置换等增值业务在内的解决方案。

2）通过向客户解释报价，让客户感知应该是物超所值的购买经历。

3）通过成交信号的把握，主动、积极促成交易。

二、洽谈成交条件

1. 洽谈成交的前提

成交需要客户的认可和信赖，如何检验是否得到客户的信任，有三个前提条件：

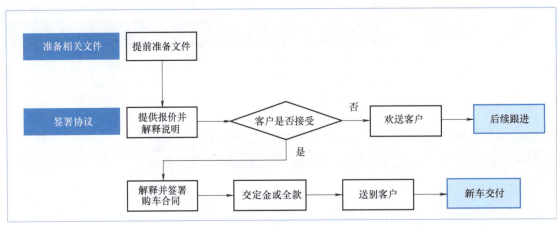

图 2-74 洽谈成交环节关键点

（1）决定者必须在场 客户想买车，购买决定来自于决策者。通过观察了解和识别哪位是购买决策的人，如果今天没到场，那就要问"今天能定吗？"通过客户的回答来再次判断决定者是不是就在今天的谈判现场。

（2）客户对品牌、车型已经明确表示认可 任何消费者在做购买决定时，都要对购买的品牌、产品、数量及购买地等做决策。购车客户也是一样，只有对车的颜色、配置、特殊装备及精品附件、不同发动机、变速器的特点等都有比较扎实的认可，洽谈才有可能成交。

（3）如有置换，需完成评估 很多客户是二次购车，此环节客户如果考虑到置换的话，必须要完成评估，要对自己原有车辆的评估价格做到心中有数，购买的时候自己还需要加多少钱，此时客户的购买才成为可能。

2. 洽谈成交信号

客户决定购车，无论在语言还是肢体语言方面，都会有一些表象，销售顾问要抓住机会推进，促成交易成功。根据多年来的销售经验，将成交信号总结如下（见图 2-75）。

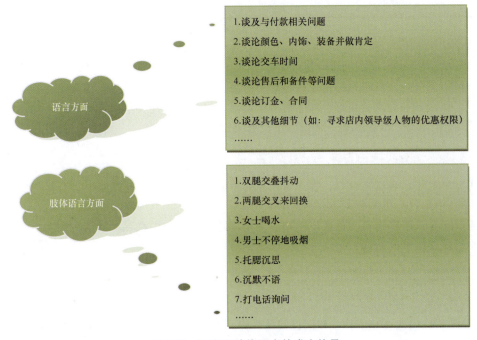

图 2-75 语言和肢体语言的成交信号

3. 主动成交时机选择

销售最终目的就是帮助客户解决购买中的问题，最后成功将产品销售给客户，那么销售人员在结束每一个重点销售步骤或者解决了客户每一个重大异议后就应该主动提出成交，表2-59给销售人员提供了在销售流程各关键环节中抓住成交时机主动推进成交的话术。

表2-59　主动成交话术

销售环节	话术
需求分析	"刘先生，通过刚才和您的谈话，了解到您关注速腾已经很长时间了，这款车的确非常适合您。你喜欢的那款我们正好有货，要不您先交些订金，把车给订下来。"
产品展示	"刘先生，通过我的介绍，您对速腾又有了进一步的了解，从各方面来讲，它都非常适合您，最近这款车卖得很快，您喜欢的那款正好有货，我建议您先把车订下来，免得到时又要等车。"
试乘试驾	"刘先生，经过刚才的试乘试驾，您是不是觉得这款车完全符合您之前的预想？最近，我们店正在举办'购车送购置税'的优惠活动，这个活动到月底就结束了，您现在订的话，可以为您节省一大笔购车费用呢。"
洽谈成交——产品确认	"刘先生，根据我们刚才的沟通，您选择的这款车总价为14.8万元，麻烦您和我一起到财务先交一下订金吧。"

4. 主动成交方法

做任何事情都讲究方法技巧，销售中主动成交的方法很多，表2-60给出了具体的方法及话术。

表2-60　主动成交方法及话术

方法	话术
主动询问 获得认可	"我还有什么介绍的不清楚的地方吗？" "还有什么事情我没有说清楚？" "刘先生，您看您还有什么疑问吗？"
坦诚直言 主动成交	"刘先生，如果您对我的服务还满意的话，您今天就下订金吧。" "刘先生，您已经是第三次来我们展厅了，如果没有什么问题的话，我建议您还是把车订下来吧，最近您看中的红色速腾车卖得很快，这样，我也可以提前给您留一辆。"
渲染"问题" 放大"担忧"	"刘先生，马上就夏天了，每天挤地铁上下班的痛苦情形，我可是深有体会，我猜您来看车也是想摆脱这样的生活。" "刘先生，您太太这样挺着大肚子，每天都去乘坐公共交通工具，我想您肯定是很担心的。"
展示期待	"我的一个朋友最近刚买车，周末的时候经常带着家人到近郊去玩，我们都很羡慕他的。" "这款车刚刚上市，路上跑的还不多，您每天开着它上下班，绝对有很多人羡慕您。"

三、报价前的准备

洽谈成交前，销售顾问需要做好准备工作。在准备工作的范畴里，主要包括如图2-76所示的几个方面。

四、洽谈成交环节的异议

此环节异议大多是虚假异议，更多的会偏重于讨价还价，为自己最后的购买争取更大的利益，所以要分析客户提出异议的心理。异议提出主要来自图2-77所示的几方面。

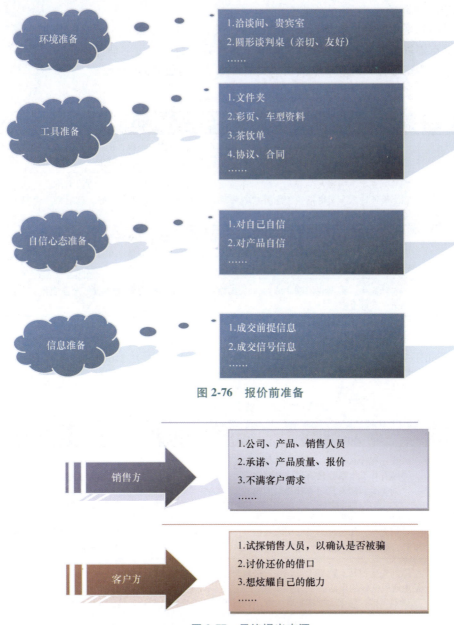

图 2-76　报价前准备

图 2-77　异议提出来源

五、洽谈成交方法与价格处理技巧

1. 客户议价三阶段

客户的价格异议在每一个销售阶段都可能遇到，大概分为初期问价、中期问价、后期问价。三个阶段对应的销售流程分别为：初期问价对应获取客户、展厅接待、需求分析过程中；中期问价对应需求分析后、产品展示、试乘试驾阶段；后期问价对应产品确认至成交这些流程环节。客户询价的具体动机、问题及解决策略分别见表 2-61 和表 2-62。

表 2-61　客户议价三阶段

阶　　段	初期问价	中期问价	后期问价
动机	购买习惯	理性比对	低价购买
问价目的	了解产品的价格信息，为购买做准备	对比竞争产品 衡量最优选择	节省资金，尽量以最低的价格满足需求
客户问题	"这款车手动挡的多少钱?" "自动挡的呢?"	"我也看了丰田的花冠，给我的价格是 13 万，你能给我多少?" "你们的报价水分太大，太没有诚意了。"	"如果你能再便宜 3000 元，我现在就签。" "如果能够免费加装倒车雷达的话，我今天就能付款。"

表 2-62　销售顾问议价策略及话术

阶　　段	初期问价	中期问价	后期问价
应对策略	给出区间价格 报价不议价	示弱 拖延 获取承诺	确定底线 TMD（时间—金钱—决定）策略
应对话术	"这款车有 4 种不同的配置，价格从 10 万~15 万元不等。"	"我非常想帮您，但是您说的这个价格，我真的没有权限给您，每个车型厂家都是有指导价的，低于指导价，我们会被处罚的。" "我还是先给您介绍一下吧，如果它的性能不能满足您的要求，那么多少钱也没有意义呀!" "如果您能决定今天就买的话，我可以去问一下经理。"	"我也想帮您争取一个好的价格，但是这个价格已经是最低价了，昨天我去帮一个客户申请价格，经理也表示这是最低价格。" "如果这个价格可以的话，您今天就能定下来吗?" "如果这个价格可以帮您申请下来的话，您今天就能交订金吗?" "如果我帮您申请了这个价格，您就可以做决定吗? 不需要再商量了吧?"

➤ 即使涉及价格谈判，也要保持足够的尊重和理解
➤ 决定谈判成功的因素：50% 是价格因素，50% 是感情因素

2. 价格洽谈的方法

（1）假设法和压力法相结合　汽车公司都在用各种各样的方法来促成客户成交。销售顾问会用这样的方法："先生，如果您要买的话，您是选择黑色的还是选择白色的?"你把这个问题给客户。如果这个客户的回答是肯定的，就直接顺理成章地进入买卖；如果是否定的，就说明这个客户肯定有什么问题没解决，就想办法再去解决那个问题。毕竟这是一个试探性的问题，客户根据他自己的需要回答，黑的不要，白的也不要，要的是银色的。那么话题就来了。我们就按照银色的车往下谈。你可以告诉客户，"这个银色的车，我查一查库存还剩两辆，是星期一刚到的货，六辆车现在只剩两辆了。"如果客户真想买，听销售顾问这么说，就会着急，怕买不到。假设法与压力法结合起来，交易的促成就容易多了。

（2）二选一法　可以这样说，"有几款车你选择哪个，你喜欢哪个"，或者说"此次购车您是现金还是刷卡、是全款还是用分期按揭"等，让他自己去选择。

（3）诱导法　比方说公司目前公司搞促销活动，从×月×号到×月×号，此阶段要买车的话，公司会有什么优惠条件。

（4）赞美法 比方说，客户正在看这个车，销售人员说："先生，选择这款车您真是很有眼光啊，这款车卖得特别好，好多客户都选。

（5）团队配合法 销售人员在展厅里面要互相配合。比如，利用给客户倒茶和递送资料的时候向客户传递销售人员的优质信息："小张是我们这里最资深的销售顾问了，他很有经验，在他手里购车，什么问题都可以帮您解决。"这样可以加速成交的速度；客户犹豫不决时，也可以借助团队的力量，寻求同事帮忙查库存，同事反馈信息："小张（正在洽谈的销售顾问）咱们库存就一辆，××销售顾问的客户也在就这辆车洽谈，不知道他付钱了没有。"这样也可以加快成交的速度。

（6）转移法 客户和我们谈价格，我们和客户谈产品；客户和我们谈产品，我们和客户谈服务。避免迎合客户的价格要求，把自己陷入谈判僵局。此时给客户多少优惠，客户都会觉得贵，所以要学会进行话题转换，通过建立价值应对客户的价格要求。

（7）成本比较法 产品的成本包括：车辆购置成本、车辆使用成本、车辆养护成本、二手车残值等。一般情况下，维修成本和风险成本不可控，所以一般只考虑前三项成本。购买成本就是产品的价格、保险、购置税、上牌手续费等；使用成本主要是指油费的支持。销售顾问要使用这个方法，需要对竞争车型的相关数据有准备。

3. 价格处理技巧

（1）理性谈判 销售顾问和客户在经历了初次接触、需求分析、车辆展示、试乘试驾，到谈判成交环节，双方相处比较融洽，甚至已经成为朋友了。但是在谈判环节，要保持清醒的头脑，在不违背经销商利益和法规政策前提条件下，给客户优惠。

（2）巧用资源 洽谈成交环节可以巧用经销商店内可利用资源，如小礼品、油卡、售后保养代金券等。

（3）不轻易让价 客户讨价还价，不能轻易做出让步。你轻易让步了，客户就会步步紧逼，总觉得你还会有让步余地。

（4）策略性降价（让价要有代价） 客户："您再便宜点吧？"销售顾问："如果您能够在我们店购买保险的话，我可以试着向经理申请这个价格，我们彼此互做让步。"

（5）让价不超过三次 在谈判成交环节，我们尽量要坚守给出客户的价格，如果非要进行让价，我们遵循的原则是先大后小，不超过三次。

（6）使用"加减乘除"的策略方式 所谓"加"就是强化经过产品展示和试乘试驾后产品能够给客户带来利益，方法就是 FFB 语法，将产品突出的特点转化成利益后总结在一起提醒客户。

"减"就在强化利益后，提醒客户的问题、担忧、期待等问题依然存在，需要去解决，不能仅局限于价格的争执之中。将客户的关注点从价格方面引导到客户的需求方面。

"乘"指扩大现有的优势，这些优势可以是产品与竞争对手相比所具有的优势，也可以是现在促销政策或价格优惠的优势，让客户认识到经销店为了成交已经做出了相应的让步。

"除"的目的是消除自己的产品和对手产品的价格差异，价差消除的主要方法就是将现存的价差在产品的使用寿命内平均到每一天，这样就使原本显得较大的差异，通过除法的效应缩小了。这种方法是在销售过程中谈到价格问题时，经常使用的方法。

依据价格谈判技巧总结得出结论：谈判的本质和核心就是让客户有赢的感觉，通过艰难的谈判，让客户觉得销售人员再没有让价的余地，客户才能对价格非常满意。

价 格 谈 判

1. 准备工作（见表2-63）

表2-63　价格谈判的实训准备工作

场 地 准 备	工 具 准 备	课 堂 布 置	教师、学生要求
车型手册、合同、文件	记事本		
电脑、电话	笔	4~5人/组，共计4组	着职业装
奥迪车辆1台	iPad		

2. 分组活动

学生根据任务资料内容提供的客户成交信号，利用谈判方法和谈判技巧，设计价格谈判话术，并模拟演练价格谈判情景，完成项目表（见表2-64）。

表2-64　项目表

完 成 项 目		完成项目具体内容
客户的成交信号		
价格谈判方法和技巧的运用		
规范模拟演练的关键点		
点评记录	优点	
	缺点	

3. 小组内交流讨论

1）任务资料内容：华阳奥迪销售顾问尹红新对王凯先生的购车需求已经了解过，也引导其进行了新车展示并完成了奥迪A6L的试乘试驾，回到展厅后张先生依然频频回头看试乘试驾车，之后自己又到展厅外车里坐了一会，返回展厅后向销售顾问又询问了售后服务等情况。接下来销售顾问主动告诉客户目前活动力度较大，别错过机会，并询问今天能否订车。经过双方一番艰难的洽谈，最后成功促成交易。

2）各小组设计价格谈判的话术脚本，并规范模拟演练价格谈判情景。每组选派代表2人，一人扮演销售顾问，一人扮演客户，依次轮流模仿演练，其他人做观察员，记录优点和不足。

4. 展示评比

小组代表模拟演练时间为5min/组左右。结束后教师进行评价（见表2-65），同时小组内自评、小组间进行互评（见表2-66）。

5. 评价表（见表2-65和表2-66）

根据各小组的表现，填写表2-65和表2-66。

表 2-65　教师评价表

序　号	评价标准	完成情况	
		是	否
1	提前准备好相关文件：合同、报价单等；准备好销售工具：iPad 等		
2	根据客户需求设定多种洽谈方案，能够做到向客户准确解释金融政策、置换政策、保险政策等		
3	在确认车型配置与颜色基础上，结合二手车估价、衍生服务、精品附件等制作报价单		
4	对方案和报价单加以解释，耐心回答客户的问题		
5	与客户达成一致后，与展厅经理一起将合同进行确定		
6	陪同并引导客户前往财务交订金或全款		
7	客户如刷卡输密码，应回避		
8	合同签署后，与客户确定合适的联系方式。交代客户后续的车辆交付流程和手续材料		

表 2-66　小组内自评、小组间互评表

序　号	评价标准	分　值	得　分
1	及时发现客户的成交信号，促进成交	10	
2	能够把握成交前提，提高洽谈成交的效率	30	
3	把握洽谈成交的技巧，学会价格谈判	30	
4	洽谈成交有条不紊、有理有据、说理透彻并赢得客户满意	20	
5	洽谈成交环节价格异议处理得当	10	
合计得分			

学习单元九　新车交付

情境导入

　　销售顾问尹红新预约客户王先生明天来店里进行新车交付。王先生准备和妻子、朋友一起到店提车。预约中王先生提醒销售顾问尽量快点、别忘记之前的承诺。请你以销售人员身份设计完美的交车场景。

目标名称	目标内容
理论知识	车辆交付阶段目标及重要性
	车辆交付流程
技术能力	能够成功进行车辆交付
	能够根据客户个性化需求设计完美的交车仪式
职业素养	培养学生创新能力以及真诚待人的品质
	培养学生在工作过程中认真、严谨的作风

新车交付具有非常重要的意义，在实际的销售过程中要做到完美交车，车辆交付环节的主要关键点如图 2-78 所示。

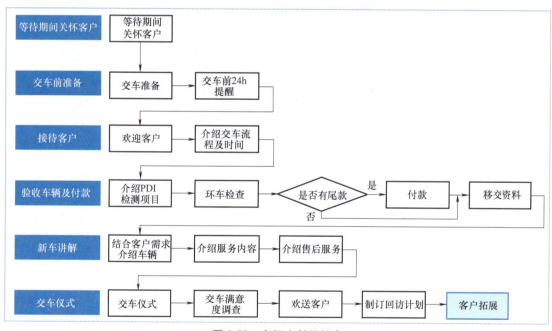

图 2-78　车辆交付关键点

一、车辆交付的阶段目标

1. 车辆交付目标

1）创造令人难忘的新车交付仪式（见图 2-79），强化客户的明智选择，巩固并提升客户关系。

2）让客户了解如何使用和发挥新车性能，树立口碑，从而为个人和经销店带来更多销售机会。

3）确保客户较高的忠诚度。交车环节尽量做到面面俱到，创造感动和提升客户体验，为较高忠诚度奠定基础。

2. 车辆交付目的

（1）正确的选择 通过交车环节，让客户感受此次购买是正确的选择。正确的选择包括：对品牌和产品的选择、对销售顾问的选择、对经销商的选择等。

图 2-79 红旗体验中心完美的交车仪式

客户提车，和之前自己预想的完全一致：见到爱车，干净整洁；看到销售顾问依然热情为自己忙前忙后；经销商提供的服务也始终如一、所选品牌的价值充分体验出来了。

（2）信赖感 交车环节之前是新车销售阶段，客户信任销售顾问，所以从他的手里购车；交车后，由于经销商有售后服务部门和售后服务流程，服务顾问的出现和介绍，让客户感受到售前到售后服务的连续性，使客户心里踏实，从而产生信赖感。

（3）美好回忆 客户打算购买新车到拥有爱车的过程如同找到心爱的伴侣一样，一个完美的交车仪式就如同一个完美的结婚典礼，会给客户留下深刻印象。

那么，如何实现上述目的呢？实现交车目的的方式，如图 2-80 所示。

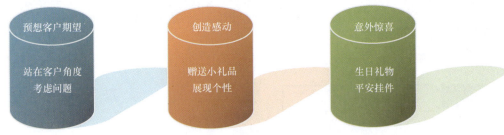

图 2-80 实现交车目的的方式

二、车辆交付的重要性

1. 销售满意度的考核

对销售顾问的考核中包含很多因素，如新车的车况和整洁程度、交车中对客户的关注程度、交车时间、介绍新车功能（见图 2-81）、用户手册等，详细解释、介绍售后服务，因此，每一个销售顾问需要非常重视新车交付环节。

图 2-81 新车功能介绍

2. 保持客户的忠诚度

在交车环节，客户实现了拥有爱车的梦想，此时心里的兴奋度达到最高。销售顾问要与客户保持在一个兴奋水平，让客户保持高的忠诚度，然后才能实现转介绍或者重复购买。

三、车辆交付流程

车辆交付不是客户交钱后就可以提车，即使有库存也不能，原因是销售顾问要按照具体的交车流程来操作，执行交车流程规范，尽最大努力保证客户提车那一刻是完美的。

车辆交付流程如图 2-82 所示。

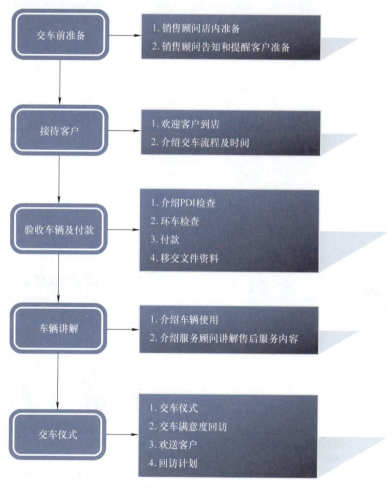

图 2-82　车辆交付流程

1. 交车前准备

车辆交付的准备工作包括销售顾问店内准备和销售顾问对客户的告知和提醒准备。

（1）销售顾问店内准备　交车前的准备工作尤为重要，一定要在交车前对所有的工作，包括车辆状态、文件资料以及人员提前协调准备，避免客户到来后由于准备工作未完成而造成客户抱怨。

1）交车前委托服务顾问进行 PDI 检查。

2）检查车辆随车文件资料及工具的完整性，整理好的所有文件资料放到交车文件袋内。

3）提前为客户车辆加油，确保 10L 以上。

　　4）提前准备小礼物（准备充分，参加交车的客户都要赠送）。

　　5）预先洗车，保证内外清洁，预定交车位，并保证交车位清洁。

　　如果有条件，建议经销商专门配备若干名交车人员，负责需交付车辆的整备工作，包括车辆检查、清洁、加油、礼品准备、交车位预定的协调工作。

　　（2）销售顾问对客户的告知和提醒准备　提前告知客户交车的流程及所需要时间，让客户提前有所准备，避免交车当天由于客户时间紧张未及时安排而仓促交车。交车前提醒客户所需要的相关证件，避免客户到店时由于手续不全无法提车而产生抱怨。

　　1）交车前提前 24 小时电话提醒，欢迎客户前来参加交车仪式。

　　2）与客户确认交车时间、付款方式及金额，并温馨提醒客户携带相关证件与文件，包括发票、出厂证、保险单、保修单及说明书等。

　　3）向客户简要介绍交车流程及所需时间，强调这样能为客户带来的方便，提醒客户交车当天提前安排好时间。

　　4）邀请客户的家人或者朋友一同参加交车仪式，并询问是否有特殊要求。

　　5）在当天通过短信、微信等方式提醒。

2. 接待客户

　　（1）客户迎接与接待

　　1）销售顾问提前 30min 把车辆停在交车区。

　　2）整理仪容仪表，准备好相关文件。

　　3）面带微笑，热情欢迎客户到达（见图 2-83）。

　　4）引导客户到休息区，根据客户习惯和爱好主动提供饮品（见图 2-84），并请客户落座休息。

图 2-83　面带微笑迎接客户

图 2-84　主动提供饮品

　　（2）向客户介绍交车流程以及所需要的时间　这个过程比较容易引起客户抱怨，因此在交车环节要注意降低客户的期望值，预约交车时间要比实际交车时间长，从而保证在预约时间内提前完成交车，提高客户满意度。

3. 验收车辆及付款

　　（1）介绍 PDI 检查

　　1）告知客户已按照 PDI 检查表提前做好车辆整备，让客户了解新车在交给他们之前已经全面检查，并完全具备交车条件。

　　2）按照 PDI 检查表（见表 2-67）向客户说明相关检测项目，最后请客户签字确认。

表 2-67　北京现代汽车有限公司 PDI 检查表

北京现代汽车有限公司　经销商代码_____

经销商名称_____

新车交付前 PDI 检查表

车型		颜色		出厂日期		交车日期	

VIN 号		发动机号	里程显示

第一部分：内/外部环车目检 安装护车套件，除掉车身保护膜 □检查车内部与外观是否有缺陷 □检查漆面、电镀件、车内/外装饰是否有缺损	□车内音响设备的操作与状况 □风窗清洗器和刮水器的操作 □倒车镜/后视镜的调节 □仪表显示及点烟器 □时钟与空调
第二部分：发动机舱与轮胎 □发动机盖锁扣及支架 □蓄电池状况 □发动机配线的连接 □发动机箱软管的连接 □散热器冷却液的液位 □风窗清洗液的液位 □制动液的液位 □发动机油位 □自动变速器油位 □离合器液的液位 □轮胎状况/气压（包括备胎）（2.1kg/cm²） □轮胎螺母转矩（900~1100kg·cm）	第四部分：路试 □发动机噪声 □仪表板警告灯、 □ABS/气囊警告灯 □制动踏板的操作 □驻车制动器操作 □加速器踏板操作 □离合器踏板操作 □变速器换挡装置操作 □加热器与通风装置操作 □后窗玻璃除霜器 □喇叭操作 □异常噪声与振动 □转向操作（转向盘转到中心位置） □发动机性能 □自动变速器液位（热态检查） □怠速/排放
第三部分：车内操作与控制 □离合器踏板高度与自由行程 □制动器踏板高度与自由行程 □加速踏板 □驻车制动器的高度与行程 □座椅/安全带的调节 □遮光 □熔丝 □儿童锁 □门锁/车窗 □眼镜盒/天窗 □车内/外灯的操作	第五部分：车辆交接 □检查随车物品、工具、备胎、千斤顶、用户手册、保修手册、合格证、钥匙是否齐备 □全车内外清洁/清洗，检查车辆是否漏水

车辆使用常识
□汽车油耗（行车电脑特点）；　□安全气囊；　□车灯雾气；　□轮胎使用注意事项；　□其他客户通信

检查员签字	销售员签字	销售经理签字	车主签字
日期	日期	日期	日期

（2）环车检查

1）引领客户到新车旁，陪同客户进行新车检查。

2）利用"新车交车确认单"（见表 2-68）进行确认，说明相关内容，获得客户的确认。

表 2-68　新车交车确认单

新车交车确认单

车主姓名：_____　　证件号码：_____　　交车日期：_____年_____月_____日

车型代码：_____　　底盘号码：_____　　发动机号码：_____

合格证号码：_____　　联系地址：_____

固定号码：_____　　手机：_____　　销售顾问：_____

车况检查						
外观良好		车内外整洁		装备齐全		
随车附送的资料和物品核对						
保养手册		服务网通讯录		首次免费保养凭证		售前检查证明	
备胎		主、副钥匙		天线		千斤顶	
螺钉旋具		故障警示牌		烟灰缸		点烟器	
安全使用说明书						
证件及单据点交						
发票		纳税申请表		合格证/行驶证		身份证/暂住证	
保养单		三包凭证					
车辆使用讲解						
座椅/转向盘调整		后视镜调整		电动窗操作		空调、除雾	
音响系统		灯光/仪表		发动机舱盖/油箱盖操作		刮水器、喷水	
油/冷却液/防冻液及燃油标号				其他装备、安全气囊/GPS 导航/DSG/ESP/行车电脑			
一汽大众热线电话：		24 小时救援热线		服务中心电话		
服务顾问：						

祝贺您拥有一汽-大众品牌汽车，能为您提供真诚的服务，是我们××大众汽车销售服务有限公司的荣幸。

祝您用车愉快！

车主签字：　　　　日期：　　　　　　　　销售顾问签字：　　　　　　日期：

（3）**付款**　付款主要考虑两个方面：一是销售顾问方面；二是收银员方面。

1）销售顾问：

◆ 询问客户是否可以付款，与客户确认金额。

◆ 引领客户到收银处付款。

◆ 先将收银员介绍给客户，再将客户介绍给收银员（姓氏尊称）。

2）收银员：

◆ 面带微笑，以客户姓氏问候客户，并表示祝贺。

◆ 唱收唱付，处理收款事项。

◆ 将付款材料（发票等）装入文件夹，双手呈递给客户。

（4）移交文件资料　客户接车前希望销售顾问能够把所有的随车文件及收据整理好并交与他们，因为交车时资料繁多，很多资料整理好并向客户详细说明十分必要。

1）依据各车型的首保里程，让客户在免费保养凭证上签字。

2）车辆合格证、发票、车辆钥匙及条码、纳税申报表、保险手续等，当面核对并要求保管好。

3）移交随车资料，包括"保养手册""服务网通讯录""首次免费保养凭证""售前检查证明""安全使用说明""三包凭证"（仅向家用汽车用户提供，非家用汽车用户不提供，必须将"三包凭证"从随车文件中取出）。

4）向客户介绍有关三包条款，并告知只有家用汽车享受三包服务，介绍保修期和三包有效期的内容，销售顾问负责客户在"三包凭证"上签字确认，并当日将"三包凭证"存档联上交索赔员存档，"三包凭证"上加盖 PDI 章。

5）向客户介绍应当使用某品牌认可的备件，4S 店是提供原装备件的唯一渠道。

6）陪同客户当面检查新车外观、内饰状况及随车工具/备件和随车文件完整性，逐项核对。

7）向客户介绍"服务网通讯录"，告知均为购买该品牌车型的授权服务网点，都能提供专业的服务。

8）请客户在"新车交车确认单"签字确认。

9）将所有文件资料装在文件夹里，然后交给客户。

以上文件资料在有限的时间内快速完成递交，客户确认签字。

4. 车辆讲解

（1）销售顾问讲解，介绍车辆使用（见图 2-85）

1）介绍新车，重点介绍客户感兴趣的功能和操作，在有限的时间内让客户熟悉爱车的基本操作。

2）解释产品配置和功能，解答客户的疑问。

3）介绍"安全使用说明"，讲解车辆规范操作要领，提醒客户阅读"安全使用说明"中的安全注意事项，按使用说明书的要求进行使用和维护。

（2）向客户介绍服务顾问，服务顾问讲解售后服务内容　服务顾问递送名片（见图 2-86），主动向客户介绍服务透明车间。服务顾问介绍的内容有：维修保养常识、保养周期；质量担保规定，客户最新 DSG 变速器质量担保政策；24 小时救援热线；预约服务。

图 2-85　讲解车辆使用

图 2-86　服务顾问递送名片

5. 交车仪式

充满喜悦的专属交车仪式会给客户营造出一种良好的氛围，表达经销商对客户的尊重和重视，此时最好准备个性化的小礼品（见图2-87），给客户创造意外的惊喜。经销商方面参加交车仪式的人员有：销售总监（展厅经理）、销售顾问、服务顾问和客户顾问等。

以"鞍山何佳奥迪"的交车仪式为例。

图 2-87 个性化的小礼品

鞍山何佳奥迪交车仪式

◆ 准备好新车已在交车间，红布盖好，车轮系红布条。

◆ 当客户来店时销售顾问陪同客户在展厅聊天，通知其他同事准备交车仪式用品（包括：10L油、两瓶水或者饮料，客户喜欢的CD碟等）

◆ 主持人（找专业的销售顾问）："今天是最尊贵的车主×××的交车之日，请工作人员做好交车准备"。此时播放倒计时音乐，音乐结束后主持人宣布："销售顾问×××陪同车主×××进入交车现场。"销售顾问与车主走红地毯，此音乐为《非诚勿扰》。所有工作人员站在门口拍手欢迎，销售顾问送花（在交车间门口）。

◆ 送花的话术："今天给您交车，我特意为您订了一束鲜花，来祝贺您喜得爱车。"

◆ 客户进入交车间后，放《恭喜发财》的音乐。销售顾问介绍销售经理、服务顾问、客服人员及同事。销售顾问陪同客户掀开车的红盖头，其余人员共喊口号——何佳购车、家和万事兴！然后告诉客户已为其添加油10L。

◆ 销售顾问及在场人员合影留念。

◆ 送客户开车离店，挥手告别。

新 车 交 付

1. 准备工作（见表2-69）

表 2-69 新车交付的实训准备工作

场地准备	工具准备	课堂布置	教师、学生要求
洽谈桌和椅子	服务顾问和保险专员的名片	4~5人/组，共计4组	着职业装
至少3种饮品	手机或者照相机		
交车间	音响设备		
装满10L油的加油桶	花束或者小礼品等		
奥迪车辆1台	车钥匙、合格证、发票等		

2. 分组活动

学生根据任务资料内容，遵循交车流程完成交车话术设计，并模拟演练新车交付情景，达到提升客户满意度效果，完成项目表（见表2-70）。

表 2-70 项目表

完 成 项 目	完成项目具体内容
交车流程	
体现提升客户满意度交车仪式设计	
规范模拟演练的关键点	

（续）

完 成 项 目		完成项目具体内容
点评记录	优点	
	缺点	

3. 小组内交流讨论

1）任务资料内容：销售顾问尹红新预约客户王先生明天交车。王先生准备和妻子、朋友一起到店提车。预约中王先生提醒销售顾问尽量快点、别忘记之前的承诺。具体资料内容如下：

预约客户王先生明天9点进行新车交付。销售顾问做好了一切交车准备，并询问客户是否有特殊事项，邀请家人和朋友一起来提车。客户一到店就看到了自己提车的展示架，步入展厅就听到销售顾问"欢迎王先生及家人和朋友到店喜提爱车"的欢迎语，同时配有欢快的音乐，王先生及家人和朋友被引领到休息区。经过2h，销售顾问提前完成了交车各个环节，进行了交车仪式后，顺利与王先生及家人和朋友告别。

2）各小组设计新车交付的话术脚本，并规范模拟演练新车交付的完整情景。每组选派一人扮演销售顾问、一人扮演客户，一人扮演服务顾问、一人扮演保险专员，依次轮流模仿演练，其他人做观察员，记录优点和不足。

4. 展示评比

小组代表模拟演练时间为8min/组左右。结束后教师进行评价（见表2-71），同时小组内自评、小组间进行互评（见表2-72）。

5. 评价表（见表2-71和表2-72）

根据各小组的表现，填写表2-71和表2-72。

表2-71　教师评价表

序　号	评 价 标 准	完成情况	
		是	否
1	销售顾问告知预计的交车时间，销售顾问的诚信达到客户的满意		
2	交车前准备充分：PDI检查、车辆干净、车辆加油、小礼物等，并提前24h电话提醒：与客户确认交车时间、付款方式及金额，并温馨提醒客户携带相关证件与文件；向客户简要介绍交车流程及所需时间，强调这样做的好处，提醒客户交车当天提前安排好时间		
3	提前30min把车停在交区		
4	接待客户行为比较规范：个人仪容仪表符合商务礼仪；面带微笑，热情欢迎客户到达；引导客户到休息区、提供饮品		
5	交车流程执行完整准确		
6	新颖的符合客户需求和特点的交车仪式		

表2-72　小组内自评、小组间互评表

序　号	评 价 标 准	分　值	得　分
1	交车前做好准备：PDI检查、车辆干净、车辆加油、小礼物等	10	
2	交车车位的预留	5	
3	整理仪容仪表，准备好相关文件；面带微笑，热情欢迎客户到达	5	

（续）

序　号	评价标准	分　值	得　分
4	交车流程执行完整、时间恰到好处	40	
5	交车仪式设计新颖：人员齐备、祝贺客户成为新车主、合影留念等	40	
	合计得分		

学习单元十　客户维系

情境导入

客户王先生买完新车有一周的时间了，他购买的是一辆奥迪A6L豪华版。销售顾问尹红新当天给客户打了电话，询问了王先生对爱车的感受，还问了有没有不会用的装备，欢迎随时打电话咨询，后又告诉王先生，有朋友想买车的话，介绍给他，而且转介绍还有礼品赠送。彼此交流非常愉快，并承诺客户，公司有好消息及时通知到本人。请你以专业销售人员的身份，结合上述情景进行客户维系。

学习目标

目标名称	目标内容
理论知识	客户维系的阶段目标
	客户维系的方法
	客户维系中抱怨投诉的处理技巧
技术能力	能够熟练运用客户维系的方法
	能够成功进行客户维系
职业素养	培养学生的创新意识
	培养学生的专业素养

知识准备

目前，各大汽车品牌的销售竞争主要体现在服务竞争上。销售顾问通过客户维系提供个性化的服务，满足或者超出客户的期望，从而使客户由购车时候的满意转化为购车后的忠诚，或者转介绍客户，帮助销售顾问进行新客户开发。那么如何做好客户维系呢？销售顾问需要掌握如图2-88所示的客户维系主要关键点。

一、客户跟踪的阶段目标

1. 跟踪环节客户的期望

交车后一段时间内联系客户，意味着销售顾问对客户持续的关注。另外，还可以发现问题及时帮助客户处理。在此环节客户的期望如下：

1）销售顾问在购车后继续关注客户，每次联系时都提供一些有用的信息，让客户感觉到有价值。

2）在回访中，继续与客户建立友好的关系，使客户感觉到经销店始终欢迎客户。

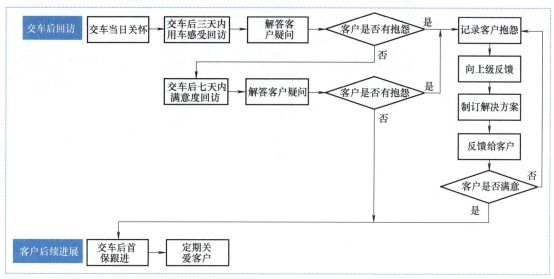

图 2-88　客户维系关键点

在销售中，重复购买的客户也被称为回头客。一个经销商回头客数量占客户总数的多少，称为"回头率"，它反映了企业对客户的保持能力以及客户对企业的忠实程度。那么客户为什么会重复购买？这和产品与服务有什么关系？也就是客户的回头率与产品和服务有什么关系？

如图 2-89 所示，客户的回头率与产品和服务都有关系，服务和产品都好的话，客户的回头率会达到 97%；服务好，产品不好（这里的"不好"是指产品的问题通过售后服务处理解决，能够回复到原来状态），回头率会达到 67%；产品好，服务不好，回头率会达到 30%；产品和服务都不好，还是有人买，回头率会达到 20%。深入分析 67% 和 30% 这两个数据，

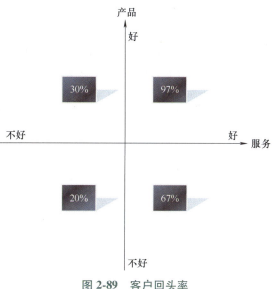

图 2-89　客户回头率

大家就会发现，回头率的高低很大程度上与服务的好坏息息相关。

提高客户回头率，保持已获得的客户，对汽车企业来讲，是极为关键的。没有客户，汽车企业乃至于其他企业就无法经营，不过许多企业只注意争取新客户，并向他们推销产品，而忽视了老客户。事实上企业得到的客户总是有限的，为了不断提高经济效益，就必须在争取新客户的同时，加强巩固对老客户的服务意识。

所以，新客户提车后的跟踪回访就是一种极为细致的服务，要让客户倍感温馨与感动，使其变成老客户，甚至永久的老客户。

2. 跟踪环节的阶段目标

（1）交车后的持续关爱和维系，赢得客户　对客户保持持续的关爱和联系，让客户感觉销售顾问随时都在他们身边，也会在用车过程中得到销售顾问及时的帮助。

（2）通过合适频次的回访，与成交客户保持长久关系，寻找新的销售机会　销售机会是以销售为目的的每一次见面或者联系，通俗地说就是只要能带来利润增值的任何一次沟通都可以算做销售机会，如重复购买、转介绍、维修保养、旧车加装等。

（3）及时了解客户用车过程中的不满意因素，及时响应并予以解决，提高满意度　任何产品在使用过程中都会出现这样那样的问题，通过回访及时发现问题并及时处理，快速解决客户用车问题，才能赢得客户的满意。

二、客户分类及客户维系

1. 客户分类

在客户维系阶段，客户主要分为三类。

（1）潜在客户　对潜在客户进行跟踪和维系的主要目的是促进成交。潜在客户又分为基本潜在客户和即将成交潜在客户。

1）基本潜在客户。对于基本潜在客户，包括车展、网站、微信、QQ等处找到的客户，要主动问候邀约到店，销售顾问要定期整理CRM系统，对客户进行分类，制订定期的跟踪计划。

2）即将成交潜在客户。对于即将成交潜在客户，跟进频率要高，每次打电话前都要做好跟进准备，查看CRM系统，明确上次沟通时间、客户的异议、客户的表现，依据最近一次的沟通内容深入联系，想办法帮助客户解决目前困惑的问题；或者向客户传递有价值的信息，引导客户需求，促进成交。

（2）保有客户　保有客户又被称为现实用户。对保有客户进行维系主要是为了增加客户满意度，使客户从片刻欣赏达到长久的忠诚，并希望客户能够成为品牌的宣传者，为销售顾问推荐更多的新客户。所以在销售中，销售顾问要积极寻求保有客户的转介绍。

（3）流失客户　对待流失客户，销售顾问重在改进服务，对流失客户主动进行关怀和问候。

2. 客户维系

（1）车辆交付后的三次维系　客户提车后一段时间内会接到来自于客户、厂家及销售顾问的回访电话。销售顾问何时、通过什么样的方式和手段与客户通过电话进行回访，能让客户感觉销售顾问是出于关心才打电话的呢？这里给出大家如下建议。

1）交车后第一次维系（24小时或者48小时内）。发送短信关怀客户（电话短信、微信、QQ等）。内容可涵盖：感谢客户选择本经销商产品；服务顾问以及售后的联系方式，以便客户能够知道在今后的用车过程中，如果有车辆保养的相关疑虑能够及时联系经销商的相关人员；告知今后如有任何疑问，可随时提供帮助。销售顾问一般都会在2小时左右，大约是客户到家之后就进行第一次客户维系。

2）交车后第二次维系（3天）。更多地从客户用车感受上给予关注。了解客户用车感受并及时帮助客户解决问题，让客户感受到经销店始终如一的服务热情，对客户的疑问及时解答，若客户提出的投诉或抱怨，相关人员要做好记录，24小时之内提供解决方案并了解客户对处理结果的满意度，及时向上级主管反馈，及时进行内部分享。然后实时进行CRM系统的客户信息维护。

3）交车后第三次维系（7天）。更多地关注客户在经销店的购车体验。询问用户的满意度，核算首保时间，进行首保提醒，告知客户售后服务预约的价值与优惠。若客户提出投诉或抱怨，处理方法同上，还要在CRM系统中进行客户信息维护。

（2）车辆交付三次维系以外客户的维系举措　销售顾问在1个月、3个月、半年、一年的时间节点，至少要选择其中两个进行维系动作。维系理由根据店内情况和客户情况而定。目前销售顾问可以从如下几方面入手：

客户关怀式维系：生日祝福、车辆使用提醒（如季节年检）、天气变化温馨提示等。

客户利益式维系：优惠政策、活动提醒、新车型投放等。

客户业务式维系：续保提醒、保养提醒等。

总之，客户对销售顾问适当的关心和问候是可以接受的。但是过多的电话可能干扰客户正常工作和生活时，会被视为骚扰。因此，经销店在和客户保持联系的时候，需要掌握好时间和次数的"度"，更要有合适的理由进行客户维系，表 2-73 可以更加直观地看出客户维系的时机、方式和理由。

表 2-73　客户维系的时机、方式及理由

时　机	方　式	理　由
用户离开 1~2 小时	电话/短信/微信	询问客户是否安全到达
车辆交付 1~3 天后	电话	询问客户是否满意
定期选择时机联系客户	电话/短信/生日卡	销售满意度回访电话，提醒首保
开展俱乐部活动	电话/短信/邮件	车辆维护讲座、自驾游、车友会、俱乐部会员等

（3）流失客户回访　流失客户的回访对于销售顾问来说意义重大，他们可以让销售顾问查找自己工作的不足和需要改进的地方。当然，也有很多客户之所以流失完全是因为个人对产品和品牌的偏好，对于这类客户，销售顾问可以请他进行转介绍。

在进行流失客户的回访时，电话回访是最常用的手段，因此需要注意电话回访的礼仪和通话时间的选择。

无论客户做出什么样的选择，销售顾问都要恭喜客户，以拉近和客户之间的关系。具体话术参考表 2-74。

表 2-74　流失客户回访技巧和话术

回访技巧	回访话术
电话联系恭喜客户	"刘先生，您好，我是××4S 店的销售顾问×××，您来过我们店看过速腾，是我接待您的，您还记得吗？""您现在讲话方便吗？" "刘先生，您最终购买的是什么车呀？" "恭喜您，您买到了一款心仪的汽车。"
温馨提醒加深感情	"刘先生，尽管您没有购买我们的汽车，但是这并不妨碍我们成为朋友，您一定要记得按照厂家的标准定时进行保养。" "您在用车过程中，有什么问题可以随时和我联系，只要我能够帮上忙的事情，我一定会尽力的。"
弄清原因寻求介绍	"刘先生，我真心想请教您，您觉得我们的服务或者产品有哪些做得不够好的地方，您帮我指出来，给我们一个改进的机会，好吗？" "谢谢您的意见，今后我一定会努力改进的。" "刘先生，如果您有朋友要买车的话，请您帮忙推荐一下。" "谢谢您，刘先生，我就不打扰您了，有什么事情，您给我打电话，保持联系。"

三、客户抱怨与投诉的处理

抱怨和投诉分为当面现场投诉和电话回访投诉。当面现场投诉与电话回访投诉的处理流程如图 2-90 所示。

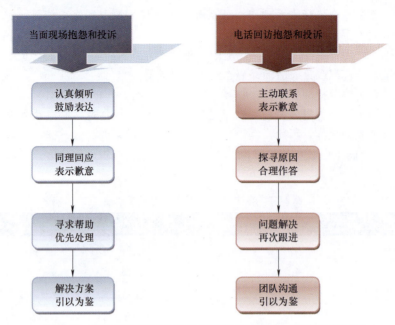

图 2-90　客户现场抱怨和投诉与电话回访抱怨和投诉处理流程

1. 客户当面进行现场投诉

　　这类问题的处理流程是要求销售顾问要做到认真倾听，鼓励客户表达并让客户充分说出投诉的原因，接下来要做到同理心的回应。对于因硬件或软件所造成的投诉，销售顾问要表示歉意。当然在处理投诉的过程中如遇相关的技术疑问，应第一时间寻求相关部门的帮助，优先处理客户的抱怨与投诉。最后给出相应的解决方案，同时，要进行团队内部分享，引以为鉴。

2. 电话回访客户中的抱怨和投诉

　　客户的抱怨和投诉问题是在客服部门回访过程中出现。这就要求销售顾问主动联系客户，对给客户带来的不便和影响表示歉意。基于客服部门所反馈的问题进一步与客户确认，以确保销售顾问的认知正确。确认后需要给出相应的解决方案，并且后续跟进相应的处理结果。最后销售顾问需要与客服沟通，确认客户的投诉、抱怨是否消除。在夕会或者是周例会上与部门分享，规避今后同样的问题再次发生。

电话回访维系客户

1. 准备工作（见表 2-75）

表 2-75　电话回访维系客户的实训准备工作

场 地 准 备	工 具 准 备	课 堂 布 置	教师、学生要求
办公桌和椅子	记事本		
电话	笔	4~5 人/组，共计 4 组	着职业装
电脑	iPad		

2. 分组活动

学生根据任务资料内容，完成电话回访问卷设计，并模拟演练电话回访情景，达到提升客户满意度的效果，完成项目表（见表2-76）。

表2-76　项目表

完成项目		完成项目具体内容
电话回访切入点		
电话回访技巧		
电话回访问卷设计		
规范模拟演练的关键点		
点评记录	优点	
	缺点	

3. 小组内交流讨论

1）任务资料内容：客户常先生拥有爱车——奔驰一周，用车愉快。销售顾问在需求分析环节了解到，常先生有一个儿子，今年参加高考，还知道常先生喜欢钓鱼。基于上述情况，销售顾问周冬雪进行了电话回访。

2）各小组设计电话回访话术脚本，并规范模拟演练电话回访情景。每组选派一人扮演销售顾问、一人扮演客户，依次轮流模仿演练，其他人做观察员，记录优点和不足。

4. 展示评比

小组代表模拟演练时间为3min/组左右。结束后教师进行评价（见表2-77），同时小组内自评、小组间进行互评（见表2-78）。

5. 评价表（见表2-77和表2-78）

根据各小组的表现，填写表2-77和表2-78。

表2-77　教师评价表

序　号	评价标准	完成情况	
		是	否
1	关注客户在经销店的购车体验		
2	询问用户的满意度，装备的使用情况		
3	与客户核算首保时间，进行首保提醒，告知客户售后服务预约的价值与优惠		
4	正确处理客户抱怨情绪		
5	回访流畅自然、抱怨处理得当，体现重视客户抱怨并及时处理		

表2-78　小组内自评、小组间互评表

序　号	评价标准	分　值	得　分
1	回访客户方式得到客户认可，与客户建立良好关系	15	
2	回访客户问卷设计问题符合客户个人背景信息及用车情况	25	
3	回访客户流畅自然、语音语调适中、有亲和力	20	
4	回访过程中客户抱怨处理得当，并能够采用一定的方式和手段安抚客户情绪，提高满意度	20	
5	回访客户流程中电话礼仪规范	20	
合计得分			

知识小结

1. 汽车销售中获取客户渠道。
2. 获取客户渠道中电话获取的技巧和流程。
3. 汽车销售中客户到店接待流程及规范。
4. 汽车销售中了解客户需求重点的技巧。
5. 汽车销售中需求分析要素。
6. 汽车销售中车辆展示环节阶段目标。
7. 车辆展示的技巧。
8. 试乘试驾前的准备。
9. 试乘试驾流程及技巧。
10. 汽车销售中提供方案环节衍生服务的推介。
11. 客户后续跟进技巧。
12. 客户后续跟进环节应对客户拒绝的策略。
13. 洽谈成交环节成交方法及价格处理技巧。
14. 车辆交付流程。
15. 客户维系方法及抱怨投诉处理。

知识巩固

一、填空题

1. 获取客户环节阶段目标有_____、_____、_____、_____、_____。
2. 客户主要分为_____、_____、_____三类。
3. 获取客户的渠道主要有_____、_____、_____、_____等。
4. 展厅接待前准备主要有_____、_____、_____、_____。
5. 到店接待的具体准备有_____、_____、_____、_____四方面。
6. 展厅接待与客户建立良好关系的具体做法主要有_____、_____、_____、_____。

   与客户建立良好关系的技巧主要有_____、_____。
7. 电话获取客户的方式主要有_____、_____两种形式。
8. 拨打客户电话邀约客户到店的四个环节_____、_____、_____、_____。
9. 接听客户来电的流程为_____、_____、_____、_____。
10. 到店接待准备的工作主要有_____、_____、_____。
11. 梅拉比安法则强调肢体语言在沟通中所占比例为_____，语言内容为_____，语音语调为_____。
12. _____是体现亲和力最好的工具。
13. 需求分析的技巧有_____、_____。
14. 需求分析主要收集的四大类信息为_____、_____、_____、_____。
15. 销售中客户类型主要分为_____、_____、_____、_____四大类型。
16. 有效提问可以做好沟通，提问的类型为_____、_____。
17. 车辆展示中展示客户特定利益的方法是_____。

18. 试乘试驾中应该做好的准备包括_____、_____、_____、_____。

19. 后续跟进的方式主要有_____、_____、_____、_____。

20. 车辆交付流程有_____、_____、_____、_____、_____、_____。

二、选择题

1. 下面属于接听客户来电技巧的是（　　）。

A. 礼貌问候告知经销商名称、自己职位、姓名

B. 听取对方来电用意

C. 确认对方姓名、意图

D. 客户挂电话后放回话筒

2. 接听客户来电应该电话铃响（　　）接起电话。

A. 二声　　　　　　　B. 三声　　　　　　　C. 四声　　　　　　　D. 五声

3. 递接名片时候，最标准的做法（　　）。

A. 正方向朝自己　　　　　　　　　B. 正方向朝客户

C. 单手递送　　　　　　　　　　　D. 双手拇指和食指各执一角

4. 下列属于需求分析流程是（　　）。

A. 寒暄　　　　　　B. 信息收集　　　　　　C. 总结确认　　　　　　D. 推荐车型

5. 分析型和控制型客户的特征为（　　）。

A. 有主见、不表达　　　　　　　　B. 没主见、不表达

C. 没主见、表达　　　　　　　　　D. 有主见、表达

6. 下面哪个是舒发型客户的应对策略（　　）。

A. 准备充分、知识专业、讲解准确、拿出充足的证明材料

B. 给足面子，当机立断、速战速决，说话算数、直接回答

C. 给充足的时间考虑、注意多关注、细节处让客户开心

D. 注意关注、陪同、重视、尊重、帮助快速做决定，实现自己的想法

7. SPIN 销售法具体是哪些问题？（　　）

A. 背景问题　　　　　B. 难点问题　　　　　C. 暗示问题　　　　　D. 需求利益问题

8. 下列哪个是处理客户异议的技巧（　　）。

A. FAB　　　　　　　B. QAQ　　　　　　　C. CPR　　　　　　　D. ACE

9. 提供方案环节要推荐衍生服务业务，该业务主要包括（　　）。

A. 贷款　　　　　　　B. 精品　　　　　　　C. 二手车　　　　　　D. 保险

10. 洽谈成交的前提主要有（　　）。

A. 决定者必须在场

B. 客户对品牌、车型已经明确表示认可

C. 如有置换，需完成评估

D. 必须带钱来

11. 洽谈成交环节，让价的幅度一般为（　　）。

A. 一次　　　　　　　B. 二次　　　　　　　C. 不超过三次　　　　D. 越多越好

12. 交车仪式上参加的人员主要有（　　）。

A. 销售总监（展厅经理）　　　　　B. 销售顾问

C. 服务顾问和保险专员　　　　　　D. 客户顾问

13. 交车环节创造惊喜的环节为（　　）。

A. 车辆讲解　　　　　　　　　　　B. 移交文件资料

C. 接待客户　　　　　　　　　　　　　　　D. 交车仪式和个性化礼物

14. 交车后第一次联系，一般的时间为（　　　）。

A. 24 小时或者 48 小时　　　　　　　　　B. 三天

C. 一周　　　　　　　　　　　　　　　　　D. 半个月

15. 维系客户有多种方式，最常用的是（　　　）。

A. 电话/短信/微信　　　　　　　　　　　　B. 生日祝福

C. 天气提醒　　　　　　　　　　　　　　　D. 保养及新车型上市

三、简答题

1. 如何实现客户间的流动和转化？

2. 电话获取主要有两种方式，一种是通过打给客户电话主动获取客户，一种是接听客户来电被动获取客户，具体应该如何操作？

3. 展厅接待具体流程？

4. 客户离店和离店后销售顾问都应该做好哪些工作？

5. 需求分析的含义是什么？

6. 需求分析环节销售顾问的阶段目标是什么？

7. 需求分析的具体操作流程？

8. 需求分析环节获取的客户信息有哪些？

9. 以奥迪 A6L 为例，说说车辆展示的方法？并详细说明车辆展示要点。

10. 请详细解释车辆展示技巧 FAB，并举例说明。

11. 举例说明试乘试驾中 FAB 技巧的运用。

12. 提供方案环节如何进行产品确认？

13. 贷款购车前常见的问题及应对策略有哪些？

14. 后续跟进的技巧有哪些？

15. 洽谈成交前，销售顾问需要做好准备工作。在准备工作的范畴里，主要包含哪些方面？

汽车销售衍生服务

学习领域三

情境导入

该学习领域主要是在提案成交环节融入汽车金融（见图3-1）等相关业务，主要有汽车保险与理赔、贷款、二手车置换、精品及装饰装潢产品推荐等。学生通过对汽车销售各衍生业务流程及推荐技巧的学习，能够在满足客户需求前提下，合理为客户推荐各种衍生服务业务，帮助客户解决爱车、购车、用车等方面的问题。

图3-1 汽车金融服务

学习单元一 汽车金融服务

情境导入

在需求分析环节，了解了客户对具体车型颜色、配置、款式及性能等方面的需求后，发现购车预算不是很充足。另外，根据汽车4S店一条龙服务体系，作为销售顾问的你，还应该做哪些方案推介呢？

目 标 名 称	目 标 内 容
理论知识	汽车金融分类、保险、信贷和二手车置换流程
技术能力	能够成功进行汽车金融业务操作
职业素养	培养学生工匠精神
	培养学生职业素养

一、汽车金融服务分类

汽车金融服务有着非常广阔的市场发展空间，种类也不断增加，目前具体分类见表3-1。

表3-1　汽车金融服务分类

序　号	保　险	贷款/融资	租　赁
1	新车保险	汽车贷款	经营性租赁
2	续保	信用卡分期	融资性租赁
3	延修保险	经销商存货融资	
4	品牌车险		

二、汽车金融具体业务

1. 保险

（1）汽车保险的分类　汽车保险的分类如图3-2所示。

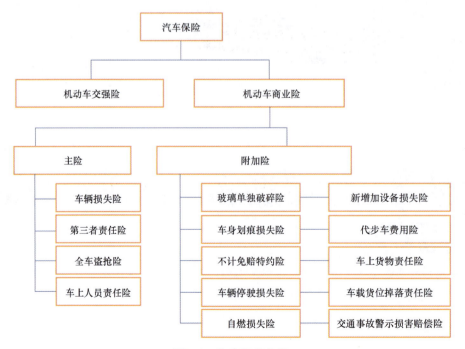

图3-2　汽车保险分类

（2）汽车保险含义及特点　我国汽车保险分为交强险和商业险两大类。其含义和特点详见表3-2。

表3-2　机动车保险分类含义及特点

分　类	含　义	特　点
机动车交强险	全称"机动车交通事故责任强制保险"，是我国首个由国家立法规定施行的强制保险制度，指由保险公司对被保险机动车发生道路交通事故造成本车人员、被保险人以外的受害人的人身伤亡、财产损失，在责任限额内予以赔偿的强制性责任保险	强制投保，所有上路行驶的机动车车主或管理人必须投保"无责赔付"，但凡发生交通事故，造成人身伤亡、财产损失，保险公司就要先行赔付，即使驾驶人无责，赔偿范围几乎涵盖所有道路交通责任风险统一的保险条款和基础费率，分项责任限额保险期限为1年，每辆车只需投保一份，最高责任限额为12.2万元
机动车商业险	若投保人需要了除了交强险外更高的责任保障，则可选购商业车险（分为主险和附加险）。主险：构成保险合同的主题，可以单独购买。附加险：必须随附在主险上的品种	自由选择投保"有责赔付"，根据投保人或被保险人在交通事故中应负的责任来确定赔偿责任，不同程度的规定有免赔额、免赔率或责任免除事项，保险期限为1年

交强险制度有利于道路交通事故受害人获得及时的经济赔付和医疗救治，有利于减轻交通事故肇事方的经济负担，化解经济赔偿纠纷。

交强险是依据《道路交通安全法》《保险法》以及《机动车交通事故责任强制保险条例》而设立的。责任限额是指被保险机动车发生交通事故，保险人对每次保险事故所有受害人的人身伤亡、医疗费用和财产损失所分别承担的最高赔偿金额。责任限额分为：死亡伤残赔偿限额、医疗费用赔偿限额、财产损失赔偿限额以及被保险人在道路交通事故有无责任的赔偿限额。

1）死亡伤残赔偿：死亡伤残费用包括丧葬费、死亡补偿费、受害人亲属办理丧葬事宜支出的交通费用、残疾赔偿金、残疾辅助器具费、护理费、康复费、交通费、被抚养人生活费、住宿费、误工费，被保险人依照法院判决或者调解承担的精神损害抚慰金。

2）医疗费用赔偿：医疗费用包括医药费、诊疗费、住院费、住院伙食补助费，必要的、合理的后续治疗费、整容费、营养费。

3）财产损失赔偿：基础保费×（1+与道路交通事故相联系的浮动比率）×（1+与交通安全违法行为相联系的浮动比率）。具体赔偿金额详见表3-3。

表3-3　有无责任赔偿金额

限额数额	被保险人有责任	被保险人没有责任
死亡伤残赔偿限额	110000元	11000元
医疗费用赔偿限额	10000元	1000元
财产损失赔偿限额	2000元	100元

机动车商业险又分为主险和附加险。各主险种类、含义及保险限额详见表3-4。

表 3-4　机动车主险种类、含义及保险限额

主险种类	含　义	保险限额
车辆损失险	车辆损失险简称"车损险"，指保险期间内，被保险人或其允许的合法驾驶人在使用被保险机动车过程中，因自然灾害或意外事故造成被保险车辆的损失 这是汽车保险中最主要的险种。若不保这个险种，车辆碰撞后的修理费保险公司不负责赔偿，全部得由自己承担。有些车是可以考虑不投保车辆损失险的。比如快报废的车，修理费很便宜。如果想投保不计免赔责任险，就一定要投保车辆损失险。因为它是后者的附加险，必须投保了车辆损失险后才能投保不计免赔责任险	保险金额由投保人和保险人从下列三种方式中选择确定： 1. 按投保时被保险机动车的新车购置价确定（现款购车价格×1.2%） 2. 按投保时被保险机动车的实际价值确定 3. 按投保时被保险机动车的新车购置价内协商确定
第三者责任险	第三者责任险是指被保险人或其允许的合法驾驶人在使用被保险机动车过程中发生意外事故，致使第三者遭受人身伤亡或财产直接毁损，依法应当由被保险人承担的损害赔偿责任，主要实行"有责赔付" 第三者责任险是最有价值的险种，也是国家规定的必保项目。开车时最怕的就是撞车或撞人了，自己车受损失不算，还要花大笔的钱来赔偿别人的损失。投保了这个险种后就无后顾之忧了，赔给别人的钱大部分会由保险公司来支付 注：第三者是指除投保人、被保险人、保险人以外的人	责任限额，由投保人和保险人在签订本保险合同时，按保险监管部门批准的限额档次协商确定，分为5万、10万、15万、20万、30万、50万、100万等
全车盗抢险	全车盗抢险指保险期间内，因下列原因造成保险车辆的损失或发生的合理费用，保险人按照本保险合同的规定在保险金额内负责赔偿： 1. 全车被盗窃、抢劫、抢夺，经出险当地县级以上公安刑侦部门立案侦查，满两个月未查明下落 2. 全车被盗窃、抢劫、抢夺后受到损坏或车上零部件、附属设备丢失需要修复的合理费用 3. 全车被抢劫、抢夺过程中，受到损坏需要修复的合理费用	保险金额由投保人和保险人在投保时被保险机动车的实际价值内协商确定（新车购置价×1.0%）
车上人员责任险（司机乘客意外伤害险）	车上人员责任险指在保险期间内，被保险人或其允许的合法驾驶人在使用被保险机动车过程中发生意外事故，致使车上乘客遭受人身伤亡，依法应当由被保险人承担的损害赔偿责任，保险公司按照合同约定负责赔偿 保险车辆发生交通事故，导致车上的驾驶人或乘客人员伤亡造成的费用损失，以及为减少损失而支付的必要合理的施救、保护费用，由保险公司承担赔偿责任。如果投保人已由单位投保了团体人身意外伤害保险或在个人寿险中投保了人身意外伤害保险，也可以不保这个险	车上人员每次事故每人限额和投保座位数由投保人和保险人在投保时协商确定，投保座位数以被保险机动车的核定载客数为限

附加险依附于主险，其种类及保障范围详见表 3-5。

表 3-5　附加险种类及保障范围

序　　号	附加险种类	保障范围
1	不计免赔率特约条款	赔偿对应投保险种应由被保险人承担的免赔金额［（车辆损失险+第三者责任险）×20%］
2	车身划痕损失险	赔偿无明显碰撞痕迹的车身表面油漆单独划痕损失（2000/400，5000/570，10000/760，20000/1140）
3	玻璃单独破碎险	赔偿风窗玻璃或车窗玻璃单独破碎损失（新车购置价×0.15%）
4	车辆停驶损失险	赔偿因保险事故造成保险车辆停驶的损失
5	自燃损失险	赔偿因本车电器等系统发生故障及运载货物自身原因起火造成保险车辆的损失（新车购置价×0.15%）
6	新增加设备损失险	赔偿因保险事故造成车上新增加设备的直接损毁
7	代步车费用险	赔偿因保险事故造成车辆修理期间被保险人需租用代步车发生的费用
8	车上货物责任险	赔偿因意外事故致使车载货物遭受的直接损毁
9	车载货物掉落责任险	赔偿所载货物从车上掉落致使第三者遭受人身伤亡或财产的直接损毁
10	交通事故精神损害赔偿险	赔偿因发生交通事故致使第三者或车上人员伤残、死亡或怀孕妇女意外流产的精神损害

（3）汽车保险的合作伙伴　汽车4S店和各保险公司签订合作协议，为客户承保，汽车保险合作伙伴如图3-3所示。

图 3-3　汽车保险合作伙伴

（4）汽车4S店投保（经销商）与社会采购保险、电话车险对比　汽车4S店投保（经销商）与社会采购保险、电话车险优势与不足对比详见表3-6。

表 3-6　汽车 4S 店投保、社会采购保险、电话车险优势与不足对比

汽车 4S 店投保（经销商）		社会采购保险		电话车险	
优势	不足	优势	不足	优势	不足
理赔最为便捷的一种投保方式。由汽车销售店内的专业服务人员提供服务，投保一步到位，出险后还可享受定损理赔一条龙服务，将出险车直接送店维修即可；而且，如果可以全额赔款，车主也不需要垫付维修费，直接在修理费用清单上签字即可；另外，如果在同一家店内购车和上保险，销售员会相应给予一定车价或保费折扣	价格稍贵	价格便宜	1. 定损不准：定损员对投保车辆不够了解，他们的原则是能小修绝不大修，能修绝不换 2. 配件有假：例如发动机舱盖蹶起来了，到非 4S 店，要求换新的，他们会推荐换副厂件（假的），不如原厂配件厚实，容易产生两大变化：一是钢板薄了容易与发动机产生共振，噪声增加；二是会破坏了原有的前后质量比，稳定性下降 3. 残值受损：二手车置换时候价格受影响 4. 厂商拒赔 5. 维修较差 6. 配件被换	1. 价格便宜 2. 上门出单 3. 部分实现 4S 店维修	1. 投保和理赔分离，电话沟通不充分 2. 电销座席不了解当地市场，无法办理保险直赔 3. 指定部分品牌 4S 店，给客户带来很多理赔局限性和烦扰

（5）汽车 4S 店保险业务构成　汽车 4S 店保险业务主要由新车保险、续保和延修保险三部分构成。

1）汽车 4S 店保险业务——新车保险。

① 新车保险销售流程。新车保险的销售主要由销售顾问和金融保险经理负责，具体流程如图 3-4 所示。

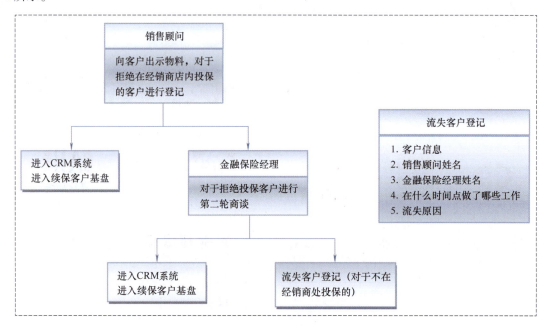

图 3-4　新车保险销售流程

② 全款客户新车保险销售流程。随着汽车金融业的发展，客户购车全款交付，一般销售顾问也会建议客户在店内进行承保，这样既可以为经销商创造价值，也可以提高客户的满意度，对客

户日后用车提供保障，避免出现事故后使客户因理赔问题产生烦恼。全款客户新车保险的销售流程如图3-5所示。

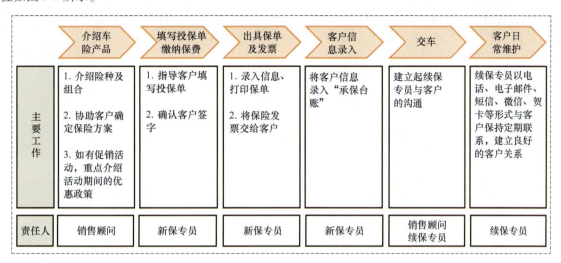

图3-5　全款客户新车保险销售流程

2）汽车4S店保险业务——续保。汽车4S店续保业务对于提升销售人员业绩和经销商利益将有很大帮助，所以销售人员要通过给客户提供续保后的优惠政策，比如备件、工时优惠、赠送免费保养项目等来提高续保率。续保业务流程如图3-6所示。

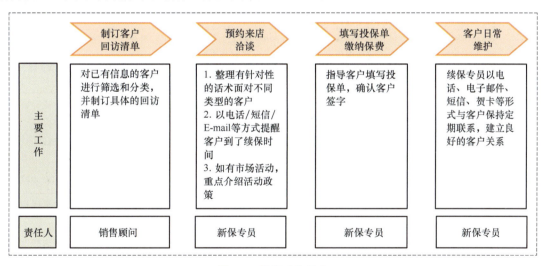

图3-6　续保业务流程

3）汽车4S店保险业务——延修保险。

① 延长保修的含义。延长保修又称为延保，是指消费者所购买的产品，在制造商提供的质保期满后，通过销售对产品维修费用所做的补偿服务。

② 延保范围。机械与电气故障（如发动机、燃油系统、传动轴、离合器、变速器、转向机、音响系统、安全系统）。

③ 延保业务对经销商的价值。例如：某品牌B级车上市三个月，销量一直不佳。经调研发现客户对该品牌产品质量没有信心，因此利用该问题展开营销：厂家推出延保活动——发动机、变速器15万公里或5年延长保修。

a. 质保前提：5 年期间回本店续保、定期回厂日常保养；与此活动相配合，将现金优惠 5000 元转变为现金 3000 元+保养工时券 2000 元。

b. 期待目标：在消费者心中建立对该品牌 B 级车质量的信心；为客户建立起定时保养的习惯。

经过上述延保活动，直接使该车型销量一跃成为同级别销量第一位。

以上即为延保业务对经销商的价值。

④ 投保前的提醒。投保前要提醒客户的重要内容如下：

a. 新车要上全险的原因。

b. 保险的费用明细。

c. 全险不能理赔的 13 种情况（见表 3-7）。

表 3-7　全险不能理赔的 13 种情况

序　号	具 体 情 况
1	酒后驾车、无照驾驶，行驶证、驾照没年检的不赔：以上这些情形中，司机并不具备上路行驶的资格，严重违反交通法。此外，驾驶人与准驾车型不符、实习期上高速等情形，保险公司也会拒绝赔付
2	地震不赔：遵循了大部分财产保险都不保地震责任的惯例，由于缺少数据和经验，保险监管部门也不鼓励保险公司承保
3	精神损失不赔：大部分保险条款会有类似的规定，"因保险事故引起的任何有关精神赔偿视为责任免除"
4	修车期间的损失不赔：修理厂有责任妥善保管维修车辆，因此，如果车辆在送修期间发生了任何碰撞、被盗等损失，保险公司都会拒赔
5	发动机进水后导致的发动机损坏不赔：保险公司认为该损失是由于操作不当造成的，当车辆行驶到水深处时，发动机熄火后，驾驶员又强行打火才造成损坏
6	爆胎不赔：未发生车辆其他部位的损坏，只是车轮单独损坏的情况不赔。当然，由于轮胎爆裂而引起的碰撞、翻车等事故，造成车辆其他部位的损失，保险公司依然负责赔偿
7	被车上物品砸坏不赔：如果车辆被车厢内或车顶装载的物品击伤，保险公司不负责赔偿
8	未经定损直接修车的不赔：如果车辆在外地出险，也要先定损再修车，否则保险公司会因为无法确定损失金额而拒绝赔偿
9	把负全责的肇事人放跑了不赔：当与其他车辆发生碰撞时，责任在对方，如果放弃向第三方追偿的权利，也就放弃了向保险公司要求赔偿的权利
10	车没丢，轮胎丢了不赔：如果不是全车被盗，只是零部件如轮胎、音响设备等被盗，保险公司不负责赔偿
11	拖着没保险的车撞车不赔：如果因为开车拖带一辆没有投保第三者责任险的车辆上路，与其他车辆相撞并负全责，保险公司不会对此做任何赔偿
12	撞到自家人不赔：所谓第一者、第二者是指保险人、被保险人（驾驶人视同于被保险人）。除这些人以外的，都被视为第三者。而在保险条款中，将被保险人或驾驶人的家庭成员排除在"第三者"的范畴之外。如果自家人被撞，保险公司视为免责。同理，被同一单位名下的车辆碰撞也不能通过第三者责任得到赔偿
13	自己加装的设备不赔：车主自己加装的音响、电台、冰箱、尾翼、行李架等，若无对此单独投保，一旦撞了造成损失，保险公司不会对此赔偿

d. 保险理赔流程：汽车的碰撞事故分为很多种，通常为单方事故和双方事故。一般碰撞静止的物体叫单方事故（当然不包括车，像墙壁、电线杆等）；一般和机动车碰撞的叫双方事故，具体理赔流程如图 3-7 所示。

图 3-7　保险理赔流程

2. 汽车消费贷款

（1）汽车消费信贷内涵　汽车消费信贷指的是金融机构向申请购买汽车的用户发放人民币担保贷款，由购车人分期对金融机构归还本息的一种消费信贷业务。

（2）汽车消费信贷方式　汽车消费信贷一般有三种方式：以车供车贷款、住房抵押汽车消费贷款、有价证券质押汽车消费贷款。其中住房抵押汽车消费信贷是目前汽车 4S 店采用的最普遍的一种方式。

1）以车供车贷款。申请者如不愿或不能采取房屋抵押、有价证券质押的形式申请汽车消费贷款，可向保险公司购买履约保险，收到保险公司出具的履约保证保险承保确认书，便可到银行申请的消费贷款。

2）住房抵押汽车消费贷款。以出契证的自由产权住房做抵押，提交有关申请材料，交齐首期款并办妥房产抵押登记手续，便可获得的汽车消费贷款。

3）有价证券质押汽车消费贷款。以银行开具的定期本、外币存单和银行承销的国库券或其他有价证券等做质押，可以申请的汽车消费贷款。

（3）汽车消费信贷的意义　汽车消费信贷的意义存在于两大方面：一是客户方面，详见表 3-8。

表 3-8　汽车消费信贷对客户的意义

客 户 分 类	现 状	期 望	意 义
长期攒钱准备全款购车的客户	1. 家庭财政相对稳定，有一定的存款 2. 每月有稳定的余钱 3. 对贷款所产生的利息很敏感	正在存款，不愿因攒钱购车而影响家庭生活质量，可以接受用低息贷款来支付部分车款	消费贷款可使远期消费在当前实现，满足了消费欲望，提高了生活质量
中小业主	1. 资金流动快，灵活并且量大 2. 对大笔资金的投入（支出）很敏感	收入波动性大业务不稳定，银行不愿贷款希望多渠道筹措资金，利用财务杠杆减少对业务的冲击，愿意支付利息，对利率不敏感	帮助消费者解决燃眉之急
个人投资客户	1. 现金收入稳定 2. 当前现金正投资于股票、房产或其他投资渠道中	对自己的投资回报有信心，希望购车消费不会对投资造成冲击，愿意贷款消费，对利率不敏感	汽车消费贷款可以作为一种理财方式

另外一方面就是对经销商。汽车消费信贷具有激活功能，一笔消费信贷，可以让客户 3 年内在购车的汽车 4S 店内进行投保业务，激活了保险的增值份额；还可以吸引客户 3 年内在购车的汽车 4S 店进行持续的维修保养、理赔，从而激活了售后及理赔带来的利润增值；此外对经销商而

言，培养了一个长期的忠实客户，经销商还可以对该类客户进行二手车的跟进，激活二手车业务的增值功能。

（4）汽车消费信贷的基本要素及相关知识点

1）汽车消费信贷的基本要素如图3-8所示。

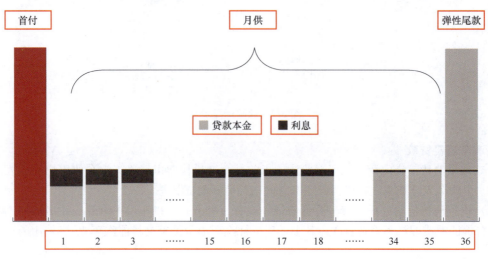

图3-8 汽车消费信贷基本要素

2）车贷产品模型如图3-9所示。

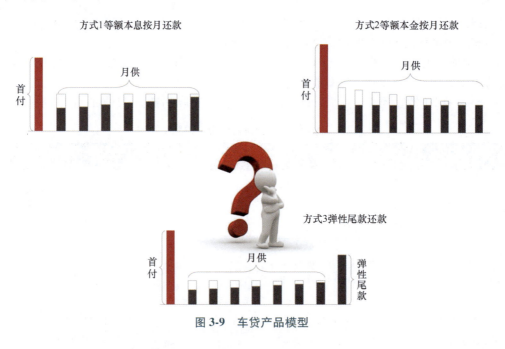

图3-9 车贷产品模型

3）汽车消费信贷基本要素及相关知识点如图3-10所示。

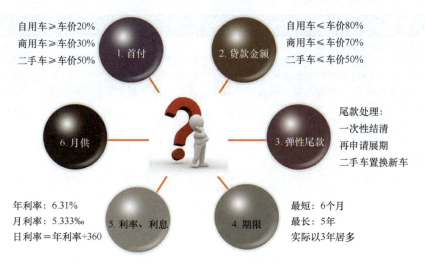

图 3-10　汽车消费信贷基本要素及相关知识点

关于汽车消费信贷基本要素的含义及相关知识点的解释详见表 3-9。

表 3-9　汽车消费信贷基本要素的含义、对消费者的意义、与其他要素关系及限制条件

基 本 要 素	含　义	对消费者意义	与其他要素关系	限 制 条 件
首付	首付是指使用贷款购车时，在确定交易后首先支付的一笔款项。接下来将由分期贷款的形式完成其余部分支付	较高的首付意味着相对较低的贷款金额，因此在其他要素不变的情况下，月供的压力也相对较小	在其他要素不变的情况下，首付越高则贷款金额越低，支付的总利息越低	车辆最终的购买价格与贷款金额的差额一般占全款的 30% 左右
贷款金额	贷款金额是金融机构每笔贷款向借款人提供的授信额度。贷款金额由借款人在申请贷款时提出，金融机构根据情况核定	一般而言，贷款金额高低由消费者选择的汽车的价格以及他所能支付的首付有关，同时也和他对未来收入的预期有关	在其他要素不变的情况下，首付越低则贷款金额越高	《汽车贷款管理办法》中第二十二条规定"贷款人发放自用车贷款的金额不得超过借款人所购汽车价格的 80%；发放商用车贷款的金额不得超过借款人所购汽车价格的 70%；发放二手车贷款的金额不得超过借款人所购汽车价格的 50%
弹性尾款	弹性尾款是为了减轻贷款用户月供压力，在贷款金额中预留一部分，该部分贷款金额无需在贷款期间进行还付，而是保留在贷款月供的最后一个月一次性交付即可	一般而言，弹性尾款金额的高低对贷款客户的月供有较大影响，贷款用户可根据月还款能力以及未来一次性收入情况选择	在其他要素不变的情况下，弹性尾款越高则月供越低，支付的总利息越高	通常弹性尾款比例不超过贷款金额的 25%

（续）

基本要素	含　义	对消费者意义	与其他要素关系	限 制 条 件
期限	贷款期限是指从贷款合同生效之日起，到最后一笔贷款本金或利息支付日止的这段时间，一般按照期数（年或月）计	贷款期限一般由借款人提出，经与金融机构协商后确定，并记载于贷款合同中	在其他要素不变时，贷款期限越长则月供越低，但所需支付的利息总量也越高	虽然按照法律规定，车贷最长的贷款期限可达5年，在实际操作中，以3年居多。因此车贷通常属于短期或中期贷款，而常见的房贷则多属于长期贷款
利息利率	利息是借款者为取得货币资金的使用权而支付给贷款者的一定代价，利息作为借入货币的代价或借出货币的报酬，实际上，就是借贷资金的"价格"。利息水平的高低是通过利息率表示出来的；利率的全称是利息率，是指一定时期内利息额与借贷货币额或储蓄存款额之间的比率	利息越少、利率越低，对消费者更有利；反之对消费者不利	当其他要素不变时，利率越高，消费者所需支付的利息就越高	常用利率： 年利率：按本金的百分比（%）表示 月利率：月利率按千分比（‰）表示；月利率=年利率÷12 日利率：日利率按万分比（‰）表示；日利率=年利率÷360
月供	月供指每月偿还的金额，包括本金和未还贷款金额产生的利息。月供可以固定也可以浮动，随着所选择的还贷方式的不同而变化	月供越高，则每月对消费者的经济压力越大	贷款金额不变时，贷款期限越短，则月供越高	本金一定的情况下，受常用利率限制：利息越高、利率越高的情况下，月供就多，反之月供就少

（5）汽车消费信贷的具体要求

1）贷款条件：

对个人：年满18周岁具有完全民事行为能力在中国境内有固定住所的中国公民；具有稳定的职业和经济收入，能保证按期偿还贷款本息；在贷款银行开立储蓄存款户，并存入不少于规定数额的购车首期款；能为购车贷款提供贷款银行认可的担保措施；愿意接受贷款银行规定的其他条件。

对法人：具有偿还贷款能力；能为购车贷款提供贷款银行认可的担保措施；在贷款银行开立结算账户，并存入不低于规定数额的购车首期款；愿意接受贷款银行规定的其他条件。

2）贷款额度：

借款人以国库券、金融债券、国家重点建设债券、本行出具个人存单质押的，或银行、保险公司提供连带责任保证的，首期付款额不得少于购车款的20%，借款额不得超过购车款的80%。以借款人或第三方不动产抵押申请贷款的，首期付款不得少于购车款的30%，借款额不得超过购车款的70%。以第三方保证方式申请贷款的（银行、保险公司除外），首期付款不得少于购车款的40%，借款额不得超过购车款的60%。

3）贷款期限：最长不超过5年（含5年）。

4）贷款利率：贷款利率执行中国人民银行规定的同期贷款利率，并随利率调整，一年一定。如遇国家在年度中调整利率，新签订的《汽车消费借款合同》按中国人民银行公布的利率水平执行。

5）贷款程序：客户咨询与资格初审；资格复审与银行初审；签订购车合同书；经销商与客户办理抵押登记手续及各类保险、公证；银行综审；车辆申领牌照与交付使用；档案管理。

3. 汽车租赁

（1）汽车租赁含义　汽车租赁是指出租人将租赁标的物交给承租人使用，并收取租金费用的经营活动。

（2）汽车租赁方式　汽车租赁主要分为融资租赁和经营性租赁两种方式。对于在租赁期间收益及租赁期满后标的物（即车辆）所有权问题，两种租赁方式有相同的地方，也有不同之处，具体如图 3-11 所示。

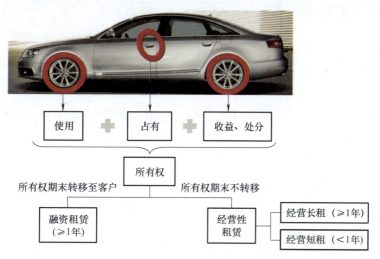

图 3-11　融资租赁与经营性租赁异同

融资租赁：租赁资产所有权租期结束转移，或实质上转移租期一般较长，出租人进行一次资产出租就能收回成本并取得盈利，资产由承租人选择，由出租人向供货商进行采购。

经营性租赁：租赁资产所有权租期结束不转移，租期一般较短，出租人要进行多次出租资产，才能收回成本并取得盈利，资产由出租人选择。

（3）汽车租赁产品　经销商一般提供了租购通及易租通两款产品。

1）租购通。租购通属融资租赁产品，客户按租赁合同约定支付租金即可使用车辆，租期届满时客户取得车辆所有权。该产品可以帮助客户降低购车时的一次性资金投入，利于资金周转又不影响银行信贷。

2）易租通。易租通属经营性租赁产品，客户按用车需求时限选择租期，租期届满时将车辆退回或依照需求选择续租甚至更换车型。该产品灵活满足客户用车需求，免于增加固定资产，在不影响财务指标的情况下轻松用车。

（4）汽车租赁交易模式　终端客户租赁的交易模式如图 3-12 所示。

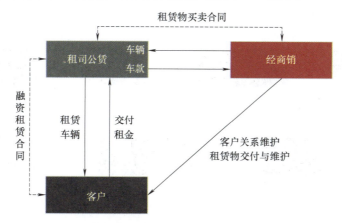

图 3-12　终端客户租赁交易模式

其中客户隶属于经销商管理，至少含有一个标的物（汽车）；交易中体现两类合同（买卖合同、租赁合同），三方当事人（出租人—租赁公司、承租人—客户、出卖人—经销商）。

4. 二手车置换

（1）置换含义　置换是指用现在用车来置换新车，将卖旧车和买新车两个过程合并成了一个过程。

（2）置换服务流程　二手车置换是将卖旧车和买新车合并为一个过程，因此就应该有先后顺序，具体置换流程如图 3-13 所示。

图 3-13　二手车置换流程

（3）置换服务特点　二手车置换逐渐成为厂家的第二战场，多家 4S 店进军二手车置换市场，与传统二手车交易方式相比，二手车置换业务有自己的特点。

1）周期短、时间快。车主只需将旧车开到 4S 店，现场评估师用 20min 左右的时间就能对旧车评估出价格，车主选好心仪的新车后，只要缴纳中间的差价即可完成置换手续，剩下的所有手续都有 4S 店代为办理，并且免代办费，1 周左右就完成了新车置换。

2）4S 店二手车置换品质有保证，风险小。4S 店按照厂家要求收购客户的二手车，收购对象涵盖所有品牌及车型。对于消费者而言，4S 店所提的车都是汽车厂商直供销售的，没有任何中间商，车况、车质让车主安心，消除了不懂车不知道怎么挑车的疑虑。

3）有利于净化市场，增强市场竞争力。消费者对 4S 店的信任，会让一大批违规操作的组织或个人在这个领域没有立足之地。以汽车厂商为主导的品牌二手车置换模式，将打破二手车市场"散漫"的传统，重新构建全国二手车交易新的游戏规则。

4）汽车厂商的多重促销手段，让车主受益。随着汽车国产化技术的成熟，以及限购政策的制约，汽车厂商把二手车置换作为竞争的主战场，并配合国家出台的补贴政策，纷纷打出降价的同时，又推出了"原价"置换、置换送高额补贴、再送礼品或免费活动等优惠活动。

5）4S 店借助电商平台精准有效推广。互联网是目前信息传导最快、最有效、性价比最高的新媒体，很多汽车厂商都把它作为推广的主发布地。

（4）二手车金融服务　二手车金融服务包括两方面业务：一是二手车贷款业务；二是二手车评估业务，前者的贷款审批流程和新车贷款方式相同，这里以流程图（见图 3-14）的形式表示。

图 3-14　二手车贷款流程

 技能训练

设计汽车金融解决方案

1. 准备工作（见表 3-10）

表 3-10　设计汽车金融解决方案的实训准备工作

场地准备	工具准备	课堂布置	教师、学生要求
办公桌和椅子	记事本		
至少 3 种饮品	笔	4~5 人/组，共计 4 组	着职业装
衍生业务政策文件	iPad		

2. 分组活动

学生根据任务资料内容，完成汽车金融服务推荐的话术脚本设计，并模拟演练汽车金融服务情景，完成项目表（见表 3-11）。

表 3-11　项目表

完 成 项 目		完成项目具体内容
汽车金融业务操作流程		
金融解决方案设计		
规范模拟演练的关键点		
点评记录	优点	
	缺点	

3. 小组内交流讨论

1）任务资料内容：客户常先生现在用车为捷达，汽博会将至，常先生来到一汽大众奥迪 4S 店内，销售顾问小王接待了常先生，得知其有自己的企业并近期内想购买奥迪 Q5，在此状况下，请您以客户为中心，向客户推介保险、贷款、二手车等业务，最终形成多赢局面。

2）各小组设计汽车金融解决方案的话术脚本，并规范模拟演练金融方案推介情景。每组选派一人扮演销售顾问、一人扮演客户，依次轮流模仿演练，其他人做观察员，记录优点和不足。

4. 展示评比

小组代表模拟演练时间为 5min/组左右。结束后教师进行评价（见表 3-12），同时小组内自评、小组间进行互评（见表 3-13）。

5. 评价表（见表 3-12 和表 3-13）

根据各小组表现，填写见表 3-12 和表 3-13。

表 3-12　教师评价表

序　号	评价标准	完成情况	
		是	否
1	满足客户需求		
2	符合客户背景信息及用车状况		
3	能够正确计算汽车金融各类业务资金		
4	能够正确阐述汽车金融业务知识点		

表3-13　小组内自评、小组间互评表

序　号	评价标准	分　值	得　分
1	模拟演练顺畅自然	15	
2	推荐金融方案合情合理	25	
3	模拟演练语音语调适中、有亲和力	20	
4	金融方案推介理由充分	20	
5	体现增值效应	20	
	合计得分		

 学习单元二　汽车销售其他服务

 **情境导入**

　　在洽谈环节，销售人员要进行产品确认，其中就包括产品的颜色、性能、配置及附加装备等方面。为了获得多赢局面，销售顾问除了和客户推荐汽车金融业务外，还可以给客户推荐哪些方面的业务？

学习目标

目标名称	目标内容
理论知识	精品销售
	汽车美容装饰业务
技术能力	能够成功进行精品销售并推介汽车美容装饰服务
职业素养	培养学生踏实诚恳品质
	培养学生的职业素养

 **知识准备**

　　目前，随着消费者需求的不断增加，汽车4S店的业务范围越来越广泛，伴随新车销售，精品销售、装饰装潢等业务也成了汽车4S店的主营业务。

一、精品销售

1. 精品的销售方式及消费形式

　　汽车精品的销售与一般产品的销售不一样，它有着自己独特的三种销售方式（见图3-15），这值得4S店的经营者去仔细揣摩，然后应用到自己的精品销售上，让精品销售带来的佳绩。

　　汽车精品有两种不同消费形式：一种叫一次性消费，一种叫重复性消费（见图3-16）。

2. 精品的销售技巧

　　（1）用客户听得懂的语言去介绍产品　不建议销售人员利用EBB、ABB介绍，特别是越复杂的产品越不用专业技巧讲解，建议使用实际操作演示，有利于客户理解。

　　（2）运用FABE法则去介绍产品　FABE（Features、Advantage、Benefit、Evidence）法则就是指运用产品的特征、优点、利益和证据来向消费者介绍产品，能让消费者迅速了解产品。例如讲

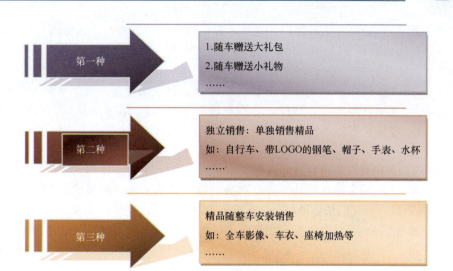

图 3-15　精品销售方式

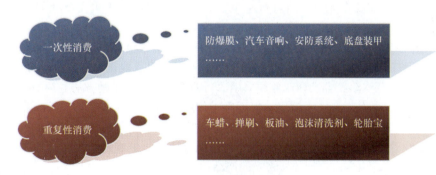

图 3-16　精品消费形式

注：一次性消费精品，销售人员要尽力做，增加销售成功率；
重复性消费精品要根据客户用车习惯恰当推荐。

解镀膜，一一分解便是："它是高科技产品"——特征，"它能够将你的汽车表面覆盖成一层高分子的强度，像钻石一样硬"——优点，"这样就不用怕你的车被划花了"——利益，"我们的产品是进口的，有进口证明"——证据。

（3）关注客户的价值体验　产品都是由两个部分组成的，即产品的本身和产品的价值，也就是我们通常所说的物有所值。如果花一块钱买了一块钱的材料回来，就叫作物有所值。同时也有一句话叫作物超所值，那是靠什么得来的？通常是靠销售员的语言提炼等很多因素累积在价值上得来的。

二、汽车美容装饰

1. 汽车 4S 店经营汽车美容装饰业务的优势

（1）客户对汽车 4S 店的信任　所有的汽车 4S 店都有系统的客户投诉、意见、索赔的管理体系，这给客户留下了很好的印象。如果汽车 4S 店经营美容装饰业务，这里将是大多数客户为自己的爱车做美容装饰的第一选择。

（2）技术施工专业　汽车 4S 店只针对一个品牌的系列车型进行美容装饰施工，因而对车的性能、技术参数等许多方面的了解都比较专业，具有"专而精"的施工优势。所以在实施一些需要技术支持和售后服务的产品和项目上，汽车 4S 店有较大的优势。

（3）人性化服务 汽车 4S 店有客户休息室，客户休息区可以看杂志、书刊、报纸或者上网、看电视等，并且在休息区有专门的服务人员为车主提供服务，而 95% 的汽车美容装饰店都不提供这方面的服务。

（4）为客户提供便利 客户在定好车型、签订合同和交完订金之后，可以与汽车 4S 店约定需要增加哪些作业项目和产品。这样，客户在提车之时，汽车 4S 店就可以将已经装饰完毕的汽车交付客户。这样，客户不必专门再为车辆做装饰花费时间和精力，给客户提供了极大的便利。

2. 汽车 4S 店如何经营汽车美容装饰业务

（1）根据汽车 4S 店的实际情况选择适合自身的运作模式 就目前现状而言，大致有三种模式：一是汽车 4S 店设立独立的装饰部门；二是汽车 4S 店设立装饰车间，但将业务外包，对利润进行合理分配；三是汽车 4S 店不设立美容装饰车间。如果有装饰施工项目，外请施工人员现场施工，支付施工费用。

（2）汽车 4S 店可设立专门的精品展示间和专业的施工车间 各汽车 4S 店可以在售后服务区开设专门的精品展示间，用于产品的陈列，以便客户选择；同时设立专门的施工车间，特别是汽车隔热膜的施工，需要在无尘车间进行施工；另外底盘装甲施工也需要相对封闭的工位进行作业。

（3）根据汽车品牌的定位和特点选择适当匹配品牌的产品和项目 选择美容装饰产品时，至少要有一种知名品牌的产品，同时附加一个主推的品牌产品，以获取相对较高的利润。

（4）汽车 4S 店经营汽车美容装饰业务须采用适当的管理模式和激励方法 第一，美容装饰部可作为一个独立的部门存在，不属于销售，也不属于售后，可设立美容装饰主管，直接对总经理负责；第二，对于新车销售专员可根据实际情况设立美容装饰的销售目标，并以平均单车美容装饰的贡献进行奖励；第三，如果客户购车时需要赠送美容装饰，最好别直接赠送给客户产品和项目，而是送客户代金券，由客户自行选择喜欢的产品。

汽车销售精品及美容装饰产品推荐

1. 准备工作（见表 3-14）

表 3-14 汽车销售精品及美容装饰产品推荐的实训准备工作

场地准备	工具准备	课堂布置	教师、学生要求
办公桌和椅子	记事本		
至少 3 种饮品	笔	4~5 人/组，共计 4 组	着职业装
精品展示区、美容装饰区	iPad		

2. 分组活动

学生自设客户个人信息及用车习惯等，结合客户需求，完成汽车精品及美容装饰产品推荐的话术脚本设计，并模拟演练精品及附件推荐情景，完成项目表（见表 3-15）。

表3-15　项目表

完成项目		完成项目具体内容
精品推荐技巧		
美容装饰产品产品推介优势利益话术设计		
规范模拟演练的关键点		
点评记录	优点	
	缺点	

3. 小组内交流讨论

1）任务布置：洽谈环节销售人员要进行产品确认，其中就包括产品的颜色、性能、配置及附加装备等方面，为了获得多赢局面，除了向客户推荐汽车金融业务外，还可以推荐符合客户需求的精品或者附件，实施增值服务业务。

2）各小组设计推荐精品或者美容装饰产品的话术脚本，并规范模拟演练精品或者美容装饰产品推荐情景。每组选派一人扮演销售顾问、一人扮演客户，依次轮流模仿演练，其他人做观察员，记录优点和不足。

4. 展示评比

小组代表模拟演练时间为5min/组左右。结束后教师进行评价（见表3-16），同时小组内自评、小组间进行互评（见表3-17）。

5. 评价表（见表3-16和表3-17）

根据各小组的表现，填写表3-16和表3-17。

表3-16　教师评价表

序　号	评价标准	完成情况	
		是	否
1	满足客户需求		
2	符合客户背景信息及用车状况		
3	体现精品销售技巧		
4	成功推荐美容装饰业务		

表3-17　小组内自评、小组间互评表

序　号	评价标准	分　值	得　分
1	模拟演练顺畅自然	15	
2	推荐美容装饰业务合情合理	25	
3	模拟演练语音语调适中、有亲和力	20	
4	精品推介理由充分	20	
5	至少使用一种精品推介技巧	20	
合计得分			

 知识小结

1. 汽车金融服务分类。

2. 汽车金融业务中保险分类及含义。

3. 汽车保险投保渠道利弊。

4. 新车保险销售流程及理赔流程。

5. 汽车4S店续保含义及业务流程。

6. 汽车消费信贷含义、方式及意义。

7. 汽车消费信贷基本元素。

8. 汽车租赁业务。

9. 二手车置换业务流程及特点。

10. 精品销售技巧及汽车4S店汽车美容装饰业务。

知识巩固

一、填空题

1. 汽车金融服务主要包括 ＿＿＿＿＿＿ 、 ＿＿＿＿＿＿ 、 ＿＿＿＿＿＿ 、 ＿＿＿＿＿＿ 。

2. 汽车保险主要分为 ＿＿＿＿＿＿ 、 ＿＿＿＿＿＿ 。后者又包括 ＿＿＿＿＿＿ 、 ＿＿＿＿＿＿ 。

3. 延长保险又称为 ＿＿＿＿＿＿ ，主要是指 ＿＿＿＿＿＿＿＿＿＿＿＿＿＿＿＿＿ 。

4. 保险理赔流程主要包括 ＿＿＿＿＿ 、 ＿＿＿＿ 、 ＿＿＿＿ 、 ＿＿＿＿＿ 、 ＿＿＿＿＿ 。

5. 汽车租赁的方式主要有 ＿＿＿＿＿＿＿＿＿＿＿ 、 ＿＿＿＿＿＿＿＿＿＿ 两种形式。

6. 汽车租赁的产品主要有 ＿＿＿＿＿＿＿＿＿＿＿ 、 ＿＿＿＿＿＿＿＿＿＿ 两款产品。

7. 二手车置换的流程为 ＿＿＿＿＿ 、 ＿＿＿＿ 、 ＿＿＿＿ 、 ＿＿＿＿ 、 ＿＿＿＿＿ 。

8. 精品销售方式主要有 ＿＿＿＿＿＿＿ 、 ＿＿＿＿＿＿ 、 ＿＿＿＿＿＿ 、 ＿＿＿＿＿＿ 两种。

9. 汽车精品消费形式分为 ＿＿＿＿＿＿＿＿＿＿＿＿ 、 ＿＿＿＿＿＿＿＿＿＿＿ 两种。

10. 汽车精品销售技巧FABE分别指 ＿＿＿＿＿＿＿＿＿＿＿＿ 、 ＿＿＿＿＿＿＿＿＿＿＿ 、 ＿＿＿＿＿＿＿＿＿ 、 ＿＿＿＿＿＿＿＿＿＿ 。

二、选择题

1. 汽车保险主要分为（　　　）。

A. 机动车交强险和商业险　　　　　　B. 机动车交强险、附加险

C. 主险和附加险　　　　　　　　　　D. 机动车商业险

2. 汽车4S店保险业务主要包括（　　　）。

A. 新车保险　　　　B. 续保　　　　　C. 延保　　　　　　D. 品牌车险

3. 下列属于汽车4S店二手车置换特点的有（　　　）。

A. 周期短、时间快　　　　　　　　　B. 品质有保障

C. 风险小　　　　　　　　　　　　　D. 净化市场，增强市场竞争力

4. 下列对汽车消费信贷贷款条件的年龄描述，正确的是（　　　）。

A. 16周岁　　　　B. 18周岁　　　　C. 20周岁　　　　D. 只要有行为能力

5. 汽车消费信贷，贷款期限最长不超过（　　　）。

A. 三年　　　　　　B. 五年　　　　　C. 六年　　　　　　D. 十年

6. 下列属于汽车4S店内二手车置换优点的是（　　　）。

A. 可借助电商平台精准有效推广

B. 汽车厂商的多重促销手段，可以让车主受益

C. 利于净化市场，增强市场竞争力

D. 周期短、时间快；品质有保障、奉献小

7. 下列商品哪些属于精品销售中独立销售形式（　　　）。

A. 自行车　　　　　B. 手表　　　　　C. 全车影像　　　　D. 水杯

8. 下列商品哪些属于精品销售中随整车安装销售的形式（　　　）。

A. 帽子　　　　　　　B. 手表　　　　　　　C. 车衣和座椅加热　D. 水杯

9. 下列商品中哪些属于汽车精品消费中一次性消费商品（　　　）。

A. 防爆膜　　　　　　B. 汽车音响　　　　　C. 车蜡　　　　　　D. 板油

10. 下列商品中哪些属于汽车精品消费中重复性消费商品（　　　）。

A. 安防系统　　　　　B. 客底盘装甲　　　　C. 掸刷　　　　　　D. 轮胎宝

三、简答题

1. 汽车金融服务分为哪几类？

2. 汽车金融业务中保险分类是什么？

3. 汽车 4S 店保险投保较电话车险和社会采购保险的优势？

4. 简述新车保险销售流程及理赔流程。

5. 简述汽车 4S 店续保业务流程。

6. 汽车消费信贷有哪几种方式，并阐述每种方式具体要求。

7. 简述汽车消费信贷模型具体操作形式。

8. 二手车置换业务流程及特点。

9. 简述精品销售技巧。

10. 简述汽车 4S 店内美容装饰业务的优势。

参 考 文 献

［1］张燕，刘铭．汽车售后服务接待［M］．北京：机械工业出版社，2019.

［2］崔宁，宋宛泽．汽车服务企业管理［M］．北京：机械工业出版社，2017.

［3］韩洁，胡四莲．汽车商务礼仪［M］．北京：机械工业出版社，2018.

［4］王丽霞，韩艳君．4S店主营业务与汽车营销［M］．北京：人民邮电出版社，2015.

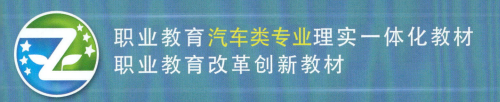

职业教育汽车类专业理实一体化教材
职业教育改革创新教材

汽车销售实务 第2版

实训任务工单

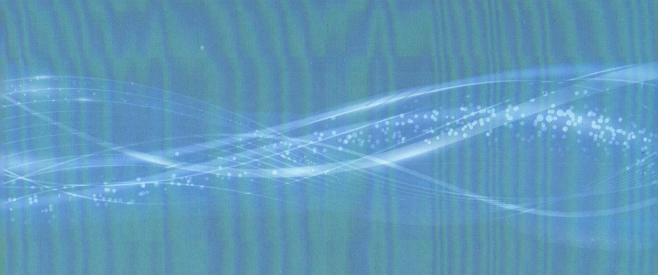

实训任务工单

姓名_____

班级_____

学号_____

目　录

学习领域一 汽车销售概论

情境导入

　　该学习领域聚焦销售理论，提升销售人员基本职业素养，熟悉汽车销售工作环境（如红旗品牌体验中心见下图），深层次理解企业文化赋予工作成绩的内涵，把真实岗位的工作内容和工作职责赋能自我专业销售技能，掌握服务对象的购买行为过程和购买动机，销售工作中灵活、有针对性地应对客户购买心理活动，以客户为导向，在真实销售工作过程中，帮助客户成功做出购买选择和购买决策，提升客户的满意度和忠诚度。

红旗品牌体验中心

实训任务工单一　汽车销售环境认知实训

学　院		专　业		班　级	
学生姓名		学生学号		任务成绩	

一、任务导读

到店实地考察，分析汽车 4S 店的概貌、业务组成及整体架构。

二、知识分解

1. 汽车 4S 店的含义。
2. 汽车 4S 店的特点＿＿＿＿＿＿＿、＿＿＿＿＿＿＿、＿＿＿＿＿＿＿、＿＿＿＿＿＿＿。
3. 汽车 4S 店有哪些优势？
4. 写出下图各汽车 4S 店的平面布置名称并阐述其功能。

（续）

（续）

5. 请绘制汽车 4S 店组织架构图（可附页）。

三、制订计划

根据所学知识和实地考察认知，制订 4S 店内执行各种业务（汽车销售、售后服务接待）流程的工作计划。

_____

_____

_____

_____

_____

_____

四、任务实施

1. 任务内容

选择一家（或者几家）某品牌汽车 4S 店，了解店内的主营业务种类；根据所学知识完成一种主营业务流程介绍，并阐述该种业务承担的工作职责。（以汽车销售流程为例）

2. 任务实施步骤

◎将学生进行分组，4~5 人/组。

◎根据汽车 4S 店的岗位设置情况，每个岗位分配一组学生，由汽车 4S 店的相关岗位人员当师傅，进行指导和讲解。根据具体情况可以岗位轮换。

◎学生立足于汽车 4S 店的岗位人员，亲自执行店内相关主营业务，学习你所在岗位的业务知识和必要的业务管理制度；实践操作完成完整的业务流程。

◎根据所在岗位情况，制作 PPT 并进行汇报。

五、任务检查

实训任务指导教师根据任务实施结果进行评价。

序号	评价标准	完成情况	
		是	否
1	PPT 制作精美，运用店内与所描述岗位相一致的图片或视频等		
2	工作业务流程介绍完整详细		
3	岗位职责描述清晰		
4	工作制度描述准确		
5	4S 店内组织架构和场地布置与所介绍工作流程紧密结合		

六、评价反馈

根据任务实际完成情况进行自评和互评。

序号	评价标准	分值	得分
1	掌握汽车 4S 店的含义	10	
2	能够准确并熟练选取汽车 4S 店内任意一种业务进行介绍	10	
3	能够在实地考察中仔细观察，并结合所学知识完成业务流程设计	30	
4	能够根据考察和所学知识，制作精美 PPT	30	
5	汇报流畅自然	10	
6	能够运用符合商务礼仪的仪容仪表等，在同学们面前展示，体现出个人风采	10	
	合计得分		

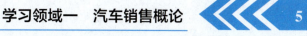

 实训任务工单二　　销售顾问岗位认知实训

学　院		专　业		班　级	
学生姓名		学生学号		任务成绩	

一、任务导读

　　汽车销售中需要了解客户需求，针对需求推荐车型，制订符合客户要求的购车方案，促进销售成功，那么如何才能做到这一点呢，这就需要提升销售人员素养，增强客户的信赖感，为此我们要着力培养优秀销售人员，那么如何才能成为优秀的销售顾问呢？

二、知识分解

　　1. 成功销售顾问应具备的特征？
_____
_____

　　2. 顾问式销售的含义？销售顾问与销售员的区别是什么？
_____
_____

　　3. 销售顾问承担的角色有哪些？他们的工作职责分别是什么？
_____
_____
_____
_____
_____

三、制订计划

　　根据所学知识，制订销售顾问接待购车客户销售执行销售流程的工作计划。
_____
_____
_____
_____
_____
_____
_____

四、任务实施

1. 任务内容
　　作为一位成功销售顾问应该具备哪些特征，才有助于销售成功？
　　参考资料如下：
　　客户王凯是一位拥有私人公司的老板，家有一个女儿，目前正在大学读博士；妻子是大学教师，平日里他们喜欢打球、自驾游。现在用车为雷克萨斯，目前想再购买一辆奥迪，可以接客户也可以家用，今天来到了华阳奥迪 4S 店。销售顾问尹红新接待了他们，做了需求分析，推荐了奥迪 A8L 这款车，并配有合理的购车方案，带客户看车后，做了试乘试驾，之后客户很认可该车型，享受了优惠活动，成功订车。

2. 任务实施步骤
　　◎将学生进行分组，4~5 人/组。
　　◎根据资料内容分析销售顾问要做哪些事情？
　　◎分析如何做好每一件事情，做好每一件事情需要具备什么心态、塑造什么样的形象、具备哪些知识和能力？
　　◎将讨论结果呈现在下边相应区域内。
　　◎实施评价。

（续）

1. 销售人员应该具备什么样的心态？

2. 销售顾问应该塑造什么样的形象？

3. 成功销售顾问应该具备哪些知识和能力？

五、任务检查

实训任务指导教师根据任务实施结果进行评价。

序号	评价标准	完成情况	
		是	否
1	销售是一个有挑战性的工作，挖掘销售人员在销售过程中应具备的正能量心态		
2	分析与客户接触的方方面面，涉及仪容仪表、言谈举止、说话、沟通交流等		
3	能够通过查找资料，分析总结成功销售人员应该掌握的知识比较广泛：涉及销售知识、心理学、销售数据、市场行业状况、产品知识、新闻特点等		
4	通过日常生活经验、查阅资料和所学知识，分析总结成功销售人员应该具有沟通能力、灵活应变能力、创造性能力、创新能力、客户导向能力等		

六、评价反馈

根据任务实际完成情况进行自评和互评。

序号	评价标准	分值	得分
1	能够体现至少六种心态	20	
2	讨论结果里体现出塑造成功形象要如何做才能达到规范和标准，包括外在形象、举手投足、内在修养等方面，平日里如何训练、提升才能接近或者达到优秀	30	
3	讨论结果要体现销售人员要有广博的知识，通过什么渠道获取知识	30	
4	讨论中体现了为了成功销售，销售人员应具备的能力至少是五个维度；能力的训练和养成，要在日常与客户沟通的过程中总结经验、慢慢积累，还要不断地自我练习提升，模拟演练	20	
	合计得分		

实训任务工单三　服务对象（客户）认知实训

学　　院		专　　业		班　　级	
学生姓名		学生学号		任务成绩	

一、任务导读

　　客户购买过程中都是先有需求，然后进行信息收集，评估选择，最后才能做出购买决策，购买使用后进行评价反馈。作为销售顾问，要了解客户的购买过程，看到客户要知道客户处于购买过程中的哪个环节，根据客户特点，全方位地了解客户，有针对性地应对和推荐，才有利于销售的成功达成。作为销售人员，你是如何了解客户的购买决策过程，针对每个环节，你又是如何应对的？

二、知识分解

　　1. 客户的购买行为分为 ＿＿＿＿＿＿＿＿ 、 ＿＿＿＿＿＿＿＿ 、 ＿＿＿＿＿＿＿＿ 、 ＿＿＿＿＿＿＿＿ 。

　　2. 影响客户购买行为的因素有哪些？

＿＿

　　3. 汽车销售中，客户参与购买的角色有哪些？如何识别？

＿＿

　　4. 图解说明客户购买决策过程？解释说明每一个环节客户的心理及行为（可附页）。

＿＿

＿＿

三、制订计划

　　根据所学知识，制订销售人员针对购车客户在购买过程中每一个环节的应对策略实施的工作计划。

＿＿

＿＿

四、任务实施

1. 任务内容

　　销售人员与客户接触，要识别客户处在购买过程中的哪个环节，有针对性与之交流，才能提高工作成效。那么客户在购买决策过程中有哪些环节，每个环节客户的特点是什么，销售人员应该如何应对，这是销售人员应该认真思考的问题。

　　参考资料如下：

　　邵雁今年 31 岁，与丈夫都是济南市一家商业银行的职员，家距上班地点有七八公里。看到这些年身边许多亲朋好友纷纷跻身有车一族，也不禁怦然心动。2020 年，夫妻二人买到了一套面积逾百平方米的住房，随着孩子渐渐长大，汽车也成了夫妻二人上下班及接送孩子上学的"必需品"。邵雁对销售顾问说："关键是近几年的收入提高了，有了一些经济条件，我们两口子月收入一万多元，买一辆家庭轿车加养车的费用，基本可以承受。"平常上班很忙，难得有时间细细打量那些光鲜

（续）

亮丽的各型家庭轿车。利用春节放假的机会，邵雁一早从家里来到位于离家不太远的4S店看车。邵雁说，她和丈夫都喜欢丰田汽车，但她更喜欢大众汽车。邵雁来到了华阳大众汽车4S店，展厅里全是大众系列车型。一见到有客户来店，销售顾问尹红新马上迎上来介绍他们销售的各型车辆。考虑到丈夫的爱好，邵雁还是认认真真地询问对比车型情况，从色彩、价格、燃油节省、安全性、舒适性一直问到车辆的内饰以及美观性。销售顾问不厌其烦地回答她的咨询。有意思的是，可能是经验不足，邵雁问的几个问题都是较为幼稚的问题。为了货比三家，邵雁决定再到丰田汽车4S店看看。在这个销售店，邵雁将主要注意力放到她最钟爱的"亚洲龙"上。销售人员邓先生一边详细介绍这种车的各种优点，一边打开一辆样车的车门，让邵雁坐进去感受，但是她还是拿不定主意。最后销售代表邓先生递了一张名片给邵雁，让她回去考虑。当问邵雁最后怎么打算的，她说："消费是一种心情，经济状况允许，工作生活也需要，我已经想好了，学完车，暑假里就去预定一辆，干脆就买大众CC得了。"

2. 任务实施步骤

◎将学生进行分组，4~5人/组。

◎根据资料内容分析邵雁的购车决策过程体现了哪些环节？

◎谈谈"如果你是汽车销售顾问，你将如何针对邵艳的购车行为"进行应对，实施合理恰当的应对策略？

◎将讨论结果呈现在下边相应区域内。

◎实施评价。

---

1. 分析邵雁的购车决策过程体现了哪些环节，为什么？

---

2. 如果你是汽车销售顾问，你将如何针对邵雁的购车行为进行应对，实施合理恰当的应对策略？

（续）

五、任务检查

实训任务指导教师根据任务实施结果进行评价。

序号	评 价 标 准	完成情况	
		是	否
1	分析客户的购买决策过程，有理有据，阐述明晰准确		
2	客户的购买行为判断准确——复杂型购买行为		
3	能够根据所学知识，有针对性地给出应对策略和想法		
4	阐述客户购买行为，依据所学知识，论据充分，符合销售原理和销售理念		

六、评价反馈

根据任务实际完成情况进行自评和互评。

序号	评 价 标 准	分值	得分
1	能够准确找出购买决策过程中涉及的购买环节并阐述其特点	30	
2	能够运用所学知识，实现知识迁移，可以触类旁通，活学活用	20	
3	能够根据客户特点，做出准确应对，并说明应对理由	30	
4	语句流畅，总结完整、有理有据	20	
	合 计 得 分		

汽车销售流程

学习领域二

该学习领域主要介绍汽车销售人员在面对不断变化的销售工作时，应该始终遵循的一条销售主线（见下图），这有助于将复杂的销售过程分解为易于理解和清晰的阶段目标和步骤，从而有利于提高销售成功率、提升品牌形象。

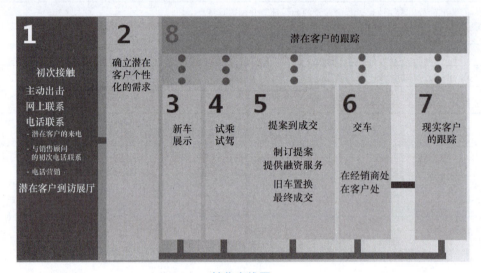

销售主线图

实训任务工单一 获取客户

学 院		专 业		班 级	
学生姓名		学生学号		任务成绩	

一、任务导读

　　客户王凯打电话给一汽-大众华阳 4S 店，询问 2021 年新迈腾价格、配置及优惠活动，销售顾问刘鹏根据之前做的准备，将王先生邀约到店，进行了热情接待，之后王先生非常高兴地和销售顾问刘鹏攀谈了起来。

二、知识分解

　　1. 获取客户环节的阶段目标有_____、_____、_____、_____、_____、_____。

　　2. 客户主要分为_____、_____、_____三类。

　　3. 获取客户的渠道主要有_____、_____、_____、_____、_____等。

　　4. 如何实现客户间的流动和转化？

_____

_____

　　5. 电话获取主要有两种方式，一种是通过打给客户电话主动获取客户，一种是接听客户来电被动获取客户，具体应该如何操作？

_____

_____

_____

_____

三、制订计划

　　根据所学知识，制订销售顾问刘鹏接听客户王凯打来电话的工作计划。

_____

_____

_____

_____

_____

_____

四、任务实施

1. 任务内容

　　根据所学知识，设计销售顾问刘鹏接听客户王凯打来电话的话术脚本，并能够模拟演练接听客户来电情景。

2. 任务实施步骤

　　◎将学生进行分组，4~5 人/组，根据教材展示案例，设计接听客户来电话术。

　　◎小组进行演练模仿。

　　◎小组将模仿演练话术写到纸上。

　　◎每组选派代表 2 人，一人扮演销售顾问，一人扮演客户，依次轮流模仿演练，其他人做观察员，记录优点和不足。

　　◎观察员点评 5min。

　　◎教师点评 5min。

　　◎实训评价。

接听客户来电话术

前台接待（客服、销售顾问）刘鹏	客户王凯
刘鹏：	王凯：
刘鹏：	王凯：

（续）

前台接待（客服、销售顾问）刘鹏	客户王凯
刘鹏：	王凯：
刘鹏：	王凯：
刘鹏：	王凯：
刘鹏：	王凯：
刘鹏：	王凯：
刘鹏：	王凯：
刘鹏：	王凯：
刘鹏：	王凯：
刘鹏：	王凯：
刘鹏：	王凯：
刘鹏：	王凯：

五、任务检查

实训任务指导教师根据任务实施结果进行评价。

序号	评价标准	完成情况	
		是	否
1	在电话机旁准备好纸笔，保持正确的站姿和坐姿		
2	铃响3声内接听电话，礼貌问候告知经销商名称、自己的职位与姓名		
3	语音和语调与客户保持一致、音量适度、微笑		
4	询问对方称呼		
5	听取对方来电用意，交流中切记主题，适时记录		
6	确认对方相关事宜，简要回答问题；确认时间、地点、对象和项目（客户需求、关注点、二手车问题）		
7	确认对方姓名、意图，留下联系方式		
8	结束语，询问对方是否还有其他需求，感谢对方来电并送上祝福语		
9	客户挂电话后再挂断		

（续）

六、评价反馈

根据任务实际完成情况进行自评和互评。

序号	评 价 标 准	分　值	得　分
1	明确获取客户环节阶段目标及该任务在企业中的重要性	10	
2	能够合理使用电话沟通技巧与客户沟通，并达到阶段目标	30	
3	能够充分在电话中获取客户关注的信息和销售人员关注的信息	30	
4	能够充分准备话术脚本，流畅自然完成任务	10	
5	能够积极主动邀约客户来电	10	
6	能够把握所有任务执行关键点	10	
	合计得分		

实训任务工单二　到店接待

学　　院		专　　业		班　　级	
学生姓名		学生学号		任务成绩	

一、任务导读

　　客户王凯如约而至来到一汽大众华阳4S店，前台接待尹红新接待了王先生，王先生对前台接待很满意，也同意尹红新给自己介绍一位专业的销售顾问。

二、知识分解

　　1. 展厅接待前准备主要有 _____ 、 _____ 、 _____ 、 _____ 、 _____ 。

　　2. 到店接待的具体准备有 _____ 、 _____ 、 _____ 、 _____ 四方面。

　　3. 展厅接待与客户建立良好关系的具体做法主要有 _____ 、 _____ 、 _____ 、 _____ ；与客户建立良好关系的技巧主要有 _____ 、 _____ 。

　　4. 展厅接待具体流程？

_____

_____

　　5. 客户离店和离店后，销售顾问应该做好哪些工作？

_____

_____

_____

_____

三、制订计划

　　根据所学知识，制订接待客户王凯来店的接待计划。

_____

_____

_____

_____

_____

_____

_____

_____

四、任务实施

1. **任务内容**

　　根据所学知识，设计准备接待客户王凯的话术脚本，并能够模拟演练展厅接待情景。

2. **任务实施步骤**

　　◎将学生进行分组，4~5人/组，设计话术脚本并在小组内进行演练模仿。

　　◎每组有扮演销售顾问的、扮演客户的，还有充当观察者的。

　　◎小组将模仿演练话术落到纸上。

　　◎每组选派代表2人，一人扮演销售顾问，一人扮演客户，依次轮流模仿演练。

　　◎观察员点评5min。

　　◎教师点评5min。

　　◎实训评价。

（续）

展厅接待话术	
前台接待（客服、销售顾问）尹红新	客户王凯
尹红新：	王凯：
尹红新：	王凯：
尹红新：	王凯：
尹红新：	王凯：
尹红新：	王凯：
尹红新：	王凯：

3. 填写来店客户信息登记表

专职人员填写				销售顾问填写						
到店时间	离店时间	客户形态	车牌号码	客户姓名	电话号码	客户职业	来店途径	意向车型	意向级别	接待过程说明（不少于30字）

（续）

五、任务检查

实训任务指导教师根据任务实施结果进行评价。

序号	评价标准	完成情况	
		是	否
1	在展厅1min内接待顾客，微笑问候欢迎光临，询问客户姓氏，交谈时以姓氏尊称客户，若客户携带其他人员，也应问候，向客户递送名片（前台接待可由销售顾问轮岗）		
2	询问客户来访意图，确保了解每一名客户的类型		
3	对于非预约首次到店客户，按"销售顾问每日接待安排表"通知销售顾问进行接待；对于二次到店老客户和预约客户，通知相应的销售顾问进行接待，如相应销售顾问不在，则告知客户，询问是否等待或接受其他销售顾问的接待		
4	根据客户的意愿，或引领到展车前，或邀请到洽谈区就座（朝向展车的座位留给顾客）并提供3种以上免费饮品，还可以提供休闲小点心		
5	接待过程中赞美客户		
6	根据客户需求引荐专业销售顾问，并告知客户自己会在客户能看到的地方，随时可以提供服务		

六、评价反馈

根据任务实际完成情况进行自评和互评。

序号	评价标准	分值	得分
1	掌握展厅接待的客户接待流程	10	
2	能够根据所学知识制订来店客户展厅接待计划	20	
3	能够根据所学知识做好展厅接待的各项准备	20	
4	能够将所学展厅接待技巧（亲和力、赞美、提问等），成功应用到展厅接待客户环节，并成功接待客户	30	
5	能够成功留下客户联系方式	10	
6	能够成功更新客户信息	10	
合计得分			

实训任务工单三　需求分析

学　院		专　业		班　级	
学生姓名		学生学号		任务成绩	

一、任务导读

客户王凯准备购买一款红旗 HS7，公私兼用。王先生为私企老板，年龄 45 岁，平时喜欢喝茶、打球，有一双儿女，妻子偶尔也会开这款车，一家人也经常自驾游，购车预算 20 万~30 万元，可以考虑贷款。客户的关注点为安全性、舒适性、科技性，注重环保节能。

二、知识分解

1. 需求分析的含义是什么？
_____

2. 需求分析环节的阶段目标是什么？
_____

3. 为什么要进行需求分析？
_____

4. 需求分析的具体操作流程？
_____
_____

5. 需求分析环节获取的客户信息有哪些？
_____

6. 需求分析的技巧有哪些？
_____
_____
_____

三、制订计划

根据所学知识，拟制订销售顾问尹红新对购车客户王凯进行需求分析的计划。
_____
_____
_____
_____
_____

四、任务实施

1. 任务内容
根据所学知识，设计对客户王凯进行需求分析的话术脚本，并能够模拟演练需求分析情景。

2. 任务实施步骤
◎将学生进行分组，3 人/组，进行需求分析脚本设计。
◎设计好脚本，小组中 3 人各扮演销售顾问尹红新、客户王凯和观察员，进行演练模仿。

（续）

◎教师课上抽签决定 5 组模拟演练，时间 10min。其他人员担任观察员，边看边记录，总结优点和不足，时间 5min。
◎观察员点评 5min。
◎教师点评 5min。
◎实训评价。

收集客户个人背景信息的话术

销售顾问尹红新	客户王凯
尹红新：	王凯：
尹红新：	王凯：
尹红新：	王凯：
尹红新：	王凯：
尹红新：	王凯：
尹红新：	王凯：
尹红新：	王凯：
尹红新：	王凯：
尹红新：	王凯：

收集客户旧车信息的话术

销售顾问尹红新	客户王凯
尹红新：	王凯：
尹红新：	王凯：
尹红新：	王凯：
尹红新：	王凯：
尹红新：	王凯：
尹红新：	王凯：
尹红新：	王凯：

（续）

收集客户新车信息的话术

销售顾问尹红新	客户王凯
尹红新：	王凯：
尹红新：	王凯：
尹红新：	王凯：
尹红新：	王凯：
尹红新：	王凯：
尹红新：	王凯：
尹红新：	王凯：

收集客户预算信息的话术

销售顾问尹红新	客户王凯
尹红新：	王凯：
尹红新：	王凯：
尹红新：	王凯：
尹红新：	王凯：

总结确认客户购车信息并推荐车型的话术

销售顾问尹红新	客户王凯
尹红新：	王凯：
尹红新：	王凯：
尹红新：	王凯：
尹红新：	王凯：
尹红新：	王凯：

（续）

五、任务检查

实训任务指导教师根据任务实施结果进行评价。

序号	评价标准	完成情况	
		是	否
1	自我介绍并递送名片、允许后就座、声音清晰、语速语音适中		
2	寒暄赞美、自然得体		
3	能提供车型彩页等资料，资料正面面向客户，双手递送		
4	适当赞美或者寒暄，引入需求分析自然流畅		
5	根据客户需求引荐专业销售顾问，并告知客户自己会在客户能看到的地方，随时可以提供服务		
6	主动询问客户现在用车情况、购车用途、车辆使用者信息、购车预算		
7	能主动收集客户信息，客户信息有效性强，为推荐车型提供依据		
8	能够主动运用开放性问题和封闭式问题向客户了解对新车的关注（安全性、环保、排放等）		
9	主动推荐置换并提供相关优惠政策信息、主动提出帮客户进行车辆评估、适当赞美客户，能巧妙和专业地回应客户需求		
10	询问客户看车经历、挖掘客户的关注点		
11	对客户信息进行总结确认		
12	结合客户需求推荐车型、包含售价、功能满足客户需求		
13	结合客户需求推荐车型排量，配置满足客户需求，引导客户看车		

六、评价反馈

根据任务实际完成情况进行自评和互评。

序号	评价标准	分值	得分
1	掌握需求分析流程及关键点	10	
2	能够按顺序收集客户个人背景信息、旧车信息、新车信息及预算信息	30	
3	能够根据所学需求分析技巧，详细收集客户购车信息，并完成购车方案，成功推荐车型	30	
4	能够自然流畅、语音语调适中，甜美与客户攀谈，尽可能多地收集客户信息，保证推荐车型的有效性	20	
5	能够准备记录客户需求信息	10	
合计得分			

实训任务工单四　车辆展示

学　院		专　业		班　级	
学生姓名		学生学号		任务成绩	

一、任务导读

　　客户王凯准备购买一款奥迪车，公私兼用。王凯为私企老板，年龄 45 岁，平时喜欢喝茶、打球，有一双儿女，妻子偶尔也会开这款车，一家人也经常外出郊游，购车预算 30 万元左右，可以考虑贷款。客户的关注点为：安全性、豪华性、科技性、舒适性及环保节能，并要求有 360° 全景影像。销售顾问尹红新接待了王先生，并了解客户需求，现在带客户去看车。

二、知识分解

　　1. 新车展示的阶段目标是＿＿＿＿＿＿＿＿＿＿＿＿＿＿＿＿＿＿＿＿＿＿＿＿＿＿＿＿＿。

　　2. 请画出车辆展示流程图（可附页）？

　　3. 以奥迪 A4L 为例，说说车辆展示的方法，并详细说明车辆展示要点。

　　4. 请详细解释车辆展示技巧 FAB，并举例说明。

　　5. 什么是 CPR 技巧，什么状况下使用？

　　6. 车辆展示中如何调动感官促进客户参与展示？

三、制订计划

　　根据所学知识，拟制订销售顾问尹红新针对客户王凯购车重点需求进行新车展示的计划。

（续）

四、任务实施

1. 任务内容

　　根据所学知识，设计针对客户王凯主要购车需求进行新车展示的话术脚本，并能够模拟演练新车展示情景。

2. 任务实施步骤

　　◎将学生进行分组，3 人/组，进行车辆展示脚本设计。

　　◎设计好脚本，小组中 3 人各扮演销售顾问尹红新、客户王凯和观察员，进行演练模仿。

　　◎教师课上抽签决定 5 组模拟演练，时间 10min。其他人员担任观察员，边看边记录，总结优点和不足，时间 5min。

　　◎观察员点评 5min。

　　◎教师点评 5min。

　　◎实训评价。

　　　　　　　　　　　　正前方展示的话术

销售顾问尹红新	客户王凯
尹红新：	王凯：
尹红新：	王凯：
尹红新：	王凯：
尹红新：	王凯：
尹红新：	王凯：
尹红新：	王凯：
尹红新：	王凯：

（续）

发动机舱展示的话术

销售顾问尹红新	客户王凯
尹红新：	王凯：
尹红新：	王凯：
尹红新：	王凯：
尹红新：	王凯：
尹红新：	王凯：
尹红新：	王凯：
尹红新：	王凯：
尹红新：	王凯：

侧方展示的话术

销售顾问尹红新	客户王凯
尹红新：	王凯：
尹红新：	王凯：
尹红新：	王凯：
尹红新：	王凯：
尹红新：	王凯：

（续）

側后 45° 的话术

销售顾问尹红新	客户王凯
尹红新：	王凯：
尹红新：	王凯：
尹红新：	王凯：

车辆后方展示话术

销售顾问尹红新	客户王凯
尹红新：	王凯：
尹红新：	王凯：
尹红新：	王凯：
尹红新：	王凯：
尹红新：	王凯：
尹红新：	王凯：
尹红新：	王凯：
尹红新：	王凯：

（续）

车辆后排展示话术

销售顾问尹红新	客户王凯
尹红新：	王凯：
尹红新：	王凯：
尹红新：	王凯：
尹红新：	王凯：

车辆驾驶舱展示话术

销售顾问尹红新	客户王凯
尹红新：	王凯：
尹红新：	王凯：
尹红新：	王凯：
尹红新：	王凯：
尹红新：	王凯：

（续）

五、任务检查

实训任务指导教师根据任务实施结果进行评价。

序号	评 价 标 准	完成情况	
		是	否
1	车辆展示过程中运用了 FAB 和 CPR 技巧		
2	车辆展示中运用了赞美、亲和力强，展示自然顺畅		
3	车辆展示礼仪洽谈标准（蹲姿、手势等）		
4	能根据客户需求进行车辆展示		
5	不恶意贬低竞品，针对客户需求点多方面进行竞品对比介绍，强调本产品优势		
6	产品介绍过程中，注重客户反馈，并能够利用封闭式提问确认客户对关注点的感受		
7	整车介绍完，主动询问客户感受		

六、评价反馈

根据任务实际完成情况进行自评和互评。

序号	评 价 标 准	分值	得分
1	掌握新车展示的流程及关键点	10	
2	掌握新车展示的方法，按照六方位绕车进行介绍	30	
3	能够根据所学新车展示技巧，向客户通俗易懂地展示车辆	30	
4	能够自然流畅、语音语调适中，甜美与客户攀谈，尽可能引导客户参与互动	20	
5	能够及时询问客户对关注点的满意程度	10	
合计得分			

 实训任务工单五　试乘试驾

学　院		专　业		班　级	
学生姓名		学生学号		任务成绩	

一、任务导读

　　客户王凯打电话给一汽-大众华阳 4S 店，询问 2021 年新迈腾价格、配置及优惠活动，销售顾问尹红新根据之前做准备，将王先生邀约到店，进行了热情接待，经过与客户的需求分析，看过现车，准备真实体验驾乘感受。销售顾问通知了试驾专员，一起陪同客户试乘试驾。

二、知识分解

　　1. 试乘试驾前应该做好的准备有哪些？ _____
_____。

　　2. 请画出试乘试驾流程图。

　　3. 试乘试驾技巧有哪些？
_____
_____
_____

　　4. 举例说明试乘试驾中 FAB 技巧的运用。
_____
_____
_____
_____

三、制订计划

　　根据所学知识，拟制订销售顾问尹红新针对客户王凯购车重点需求进行试乘试驾方案的设计。
_____
_____
_____
_____
_____
_____
_____

四、任务实施

1. 任务内容

　　根据所学知识，设计针对客户王凯主要购车需求（安全性、舒适性等技术装备，如 ESP、独立悬架、紧急制动性能、预碰撞系统、自适应系统、无钥匙进入、一键启动、座椅的人体工程学设计、转向盘的 12 项可调节功能）进行试乘试驾的话术脚本，并能够模拟演练试乘试驾情景。

（续）

2. 任务实施步骤

　◎将学生进行分组，3 人/组，进行试乘试驾脚本设计。

　◎设计好脚本，小组中 3 人各扮演销售顾问尹红新、客户王凯和观察员，进行演练模仿。

　◎教师课上抽签决定 5 组模拟演练，时间 10min。其他人员担任观察员，边看边记录，总结优点和不足，时间 5min。

　◎观察员点评 5min。

　◎教师点评 5min。

　◎实训评价。

邀请客户试乘试驾话术

销售顾问尹红新	客户王凯
尹红新：	王凯：
尹红新：	王凯：
尹红新：	王凯：
尹红新：	王凯：
尹红新：	王凯：
尹红新：	王凯：

迎接客户及展厅讲解话术

销售顾问尹红新	客户王凯
尹红新：	王凯：
尹红新：	王凯：
尹红新：	王凯：
尹红新：	王凯：
尹红新：	王凯：

车上讲解话术

销售顾问尹红新	客户王凯
尹红新：	王凯：
尹红新：	王凯：
尹红新：	王凯：
尹红新：	王凯：
尹红新：	王凯：

（续）

试乘试驾话术	
销售顾问尹红新	客户王凯
尹红新：	王凯：
尹红新：	王凯：
尹红新：	王凯：
尹红新：	王凯：
尹红新：	王凯：
尹红新：	王凯：
尹红新：	王凯：
尹红新：	王凯：

试乘试驾反馈话术	
销售顾问尹红新	客户王凯
尹红新：	王凯：
尹红新：	王凯：
尹红新：	王凯：
尹红新：	王凯：

五、任务检查

实训任务指导教师根据任务实施结果进行评价。

序号	评 价 标 准	完成情况	
		是	否
1	主动提供试乘试驾服务，介绍试乘试驾能带给客户的好处，告知大概所需要的时间		
2	方案设计合理		
3	试乘试驾流程执行规范		
4	试乘试驾技巧应用合理		
5	试乘试驾中 FAB 应用合理		
6	试乘试驾中有肢体语言的参与，增强感染力		
7	试乘试驾重点突出，客户体验明显		

（续）

六、评价反馈

根据任务实际完成情况进行自评和互评。

序号	评 价 标 准	分值	得分
1	准确掌握试乘试驾流程	10	
2	掌握试乘试驾流程的关键执行点	30	
3	能够根据所学试乘试驾技巧，向客户介绍体验功能	30	
4	能够自然流畅、语音语调适中，熟练介绍并让客户体验其所关注性能	20	
5	能够及时询问客户是否体验到所关注的装备带来的感受，增强客户的购买欲望	10	
	合计得分		

实训任务工单六　　提供方案

学　院		专　业		班　级	
学生姓名		学生学号		任务成绩	

一、任务导读

　　销售人员尹红新热情接待了客户王凯，并详细进行了需求了解，得知客户想要买一辆车，对动力、安全、舒适等方面有需求，而且客户王凯是私营企业老板，生意规模不大，但自己经济条件还好，准备购买一部预算在 40 万元左右，可以接客户也可以外出旅游。销售顾问小尹最终给客户推荐了奥迪 A6L，并带王先生看了车，安排了试乘试驾，客户表示很满意，但还要进行比对，接下来销售顾问尹红新给王先生提供了一份购车方案，推荐客户贷款并进行二手车置换等业务，经过销售人员尹红新的建议和价格解释，最后王先生决定购买奥迪 A6L。

二、知识分解

　　1. 提供方案环节阶段目标是 _____

　　_____

　　2. 提供方案环节的工作重点有哪些？

　　_____

　　_____

　　3. 提供方案环节如何进行产品确认？

　　_____

　　_____

　　4. 贷款购车前常见的问题及应对策略。

　　_____

　　_____

　　_____

　　_____

三、制订计划

　　根据所学知识，拟制订销售顾问尹红新针对客户王凯贷款方案、保险、二手车及精品等方面的推荐计划。

　　_____

　　_____

　　_____

　　_____

　　_____

四、任务实施

1. 任务内容

　　根据所学知识，设计针对客户王凯购车报价成交环节的话术脚本（体现二手车置换、贷款、保险、精品及附件带来的利益及优势），并能够模拟演练报价成交情景。

2. 任务实施步骤

　　◎将学生分成 4 组。

　　◎每组选择一个话题（二手车置换、贷款、保险、精品及附件）。

　　◎讨论每个话题的项目、利益、技巧。

　　◎讨论时间 10min、陈述 5min、其他组点评 5min、教师点评 5min。

　　◎实训评价。

（续）

报价成交话术

销售顾问尹红新	客户王凯
尹红新：	王凯：
尹红新：	王凯：
尹红新：	王凯：
尹红新：	王凯：
尹红新：	王凯：
尹红新：	王凯：
尹红新：	王凯：
尹红新：	王凯：
尹红新：	王凯：

五、任务检查

实训任务指导教师根据任务实施结果进行评价。

序号	评 价 标 准	完成情况	
		是	否
1	能主动为客户续杯，提醒团队合作		
2	确认客户购车颜色，并确认所购车型库存情况		
3	确认客户是否加装精品，站在客户立场为其推荐保险		
4	为客户进行快速、清晰的口头报价，并经客户确认		
5	运用市场活动策略促进客户成交，优惠政策不少于3项		

六、评价反馈

根据任务实际完成情况进行自评和互评。

序号	评 价 标 准	分值	得分
1	把握提案成交环节阶段目标	10	
2	报价成交环节主动推荐保险、贷款、精品等业务	30	
3	能够熟练推荐并解释贷款业务方案	30	
4	能够准确制订报价成交单	20	
5	能够根据客户背景状况推荐合适的报价成交方案	10	
	合计得分		

 实训任务工单七　后续跟进

学　院		专　业		班　级	
学生姓名		学生学号		任务成绩	

一、任务导读

　　客户王凯在华阳奥迪店看车，因临时有事处理中途离店，销售顾问尹红新留下了他的电话，并表示后续活动力度大或者有其他购车消息会告知客户，并得到客户认可。请你以销售顾问尹红新的身份，打电话询问客户的购车意向，并邀约客户在确定时间内到店再次进行试乘试驾。

二、知识分解

　　1. 后续跟进的重要性是 _____

_____

　　2. 后续跟进的步骤是什么？

_____

_____

　　3. 后续跟进的方式有哪些？

_____

_____

　　4. 后续跟进的技巧有哪些？

_____

_____

_____

　　5. 阐述后续跟进环节应对客户拒绝的策略。

_____

_____

_____

_____

三、制订计划

　　根据所学知识，拟制订销售顾问尹红新针对客户王凯的后续跟进计划。

_____

_____

_____

_____

_____

_____

四、任务实施

1. 任务内容
　　根据所学知识，设计针对客户王凯进行后续跟进的话术脚本，并能够模拟演后续跟进情景。
2. 任务实施步骤
　　◎将学生分成 4 组。
　　◎每组任选合适话题展开跟进。
　　◎准备时间 5min、演练时间 10min、观察者点评 5min、教师点评 5min。
　　◎实训评价。

（续）

后续跟进话术	
销售顾问尹红新	客户王凯
尹红新：	王凯：
尹红新：	王凯：
尹红新：	王凯：
尹红新：	王凯：
尹红新：	王凯：
尹红新：	王凯：
尹红新：	王凯：
尹红新：	王凯：
尹红新：	王凯：

五、任务检查

实训任务指导教师根据任务实施结果进行评价。

序号	评价标准	完成情况	
		是	否
1	回忆上次与客户交流情景，确认并分析客户未成交原因，准备话术，同时思考本次电话的主题		
2	48h内通过客户偏好的联系方式与客户联系		
3	从客户感兴趣点出发跟进，安排再次试乘试驾		
4	邀请客户来店再次协商价格，但不能给客户造成压力		
5	在与客户沟通过程中，力求扮演一个客户购车顾问的角色，这样能更好地与客户交流		

六、评价反馈

根据任务实际完成情况进行自评和互评。

序号	评价标准	分值	得分
1	把握后续跟进的技巧	10	
2	后续跟进环节话题的选择比较恰当	30	
3	能够根据后续跟进客户步骤，较为温婉地与客户联系	30	
4	能够准确制订报价成交单	20	
5	能够根据客户背景信息及购车需求制订合理的跟进计划，并完善客户关系管理系统	10	
合计得分			

 实训任务工单八　　洽谈成交

学　　院		专　　业		班　　级	
学生姓名		学生学号		任务成绩	

一、任务导读

　　销售顾问尹红新对王凯先生的购车需求已经了解过了，也引导其进行了新车展示并完成了奥迪 A6L 的试乘试驾，回到展厅后王先生依然频频回头看试乘试驾车，之后自己又到展厅外车里坐了一会，返回展厅后又向销售顾问询问了售后服务等情况。接下来销售顾问尹红新主动告诉客户目前活动力度较大，别错过机会，并问今天能否订车。经过双方一番艰难的洽谈，最后成功达成交易。

二、知识分解

　　1. 洽谈成交的阶段目标是_____

　　2. 洽谈成交条件。

　　3. 洽谈成交前需要做好哪些准备工作？

　　4. 找到洽谈成交环节客户的异议来源，并思考如何处理？

　　5. 洽谈成交环节，如何应对客户的价格要求？

三、制订计划

　　根据所学知识，拟设计销售顾问尹红新针对客户王凯购车时价格谈判的洽谈成交方案。

四、任务实施

1. 任务内容

　　根据所学知识，设计针对任务导读中资料提及的客户王凯购车过程发出的成交信号进行洽谈成交环节的话术脚本，并能够模拟演洽谈成交情景。

2. 任务实施步骤

　　◎将学生进行分组，6 人/组，小组内 2 人/组，进行话术脚本设计并模拟演练。

　　◎每组选派一人扮演销售顾问，一人扮演客户，进行组内演练，要求组内轮流扮演上面两个角色。其他人作为观察员，记录优点和不足。

　　◎选派组长抽签，选中者，在班级进行模拟演练，时间为 10min；本组其他人和其他组员扮演观察员，进行点评，时间为 5min；教师点评 5min。

　　◎实训评价。

（续）

洽谈成交环节话术	
销售顾问尹红新	客户王凯
尹红新：	王凯：
尹红新：	王凯：
尹红新：	王凯：
尹红新：	王凯：
尹红新：	王凯：
尹红新：	王凯：
尹红新：	王凯：
尹红新：	王凯：
尹红新：	王凯：

五、任务检查

实训任务指导教师根据任务实施结果进行评价。

序号	评价标准	完成情况	
		是	否
1	提前准备好相关文件：合同、报价单等；准备好销售工具：iPad 等		
2	根据客户需求设定多种洽谈方案，能够做到向客户准确解释金融政策、置换政策、保险政策等		
3	在确认车型配置与颜色基础上，结合二手车估价、衍生服务、精品附件等制作报价单		
4	对方案和报价单加以解释，耐心回答客户的问题		
5	与客户达成一致后，与展厅经理一起将合同进行确定		
6	陪同并引导客户前往财务交订金或全款		
7	客户如刷卡输密码，应回避		
8	合同签署后，与客户确定合适的联系方式。交代客户后续的车辆交付流程和手续材料		

（续）

六、评价反馈

　　根据任务实际完成情况进行自评和互评。

序号	评 价 标 准	分值	得分
1	及时发现客户的成交信号，促进成交	10	
2	能够把握成交前提，提高洽谈成交的效率	30	
3	把握洽谈成交的技巧，学会价格谈判	30	
4	洽谈成交有条不紊、有理有据、说理透彻并赢得客户满意	20	
5	洽谈成交环节价格异议处理得当	10	
	合计得分		

实训任务工单九　新车交付

学　院		专　业		班　级	
学生姓名		学生学号		任务成绩	

一、任务导读

　　销售顾问尹红新预约客户王先生明天提车，王先生准备和妻子、朋友一起到店提车。预约中王先生提醒销售顾问尽量快点、别忘记之前的承诺。

　　具体资料内容如下：

　　预约客户王先生明天9点提车，销售顾问做好了一切交车准备，并询问客户是否有特殊事项，邀请家人和朋友一起来提车。客户一到店就看到了带有自己名字的"恭喜王先生喜提爱车"的展示架，步入展厅就听到销售顾问"欢迎王先生及家人和朋友到店提车"，同时配有欢快的音乐，王先生及家人和朋友被引领到休息区。经过2个小时，销售顾问提前完成了交车各个环节，进行了交车仪式后，顺利与王先生及家人和朋友合影留念，并告别王先生一行人。

二、知识分解

　　1. 车辆交付的阶段目标是 _____

_____

　　2. 车辆交付目的是什么？

_____

_____

　　3. 如何理解车辆交付的重要性，请举例说明。

_____

_____

_____

　　4. 请画出车辆交付的流程图。

（续）

5. 请完成车辆交付确认单的填写。

新车交车确认单

车主姓名：_____　　证件号码：_____　　交车日期：_____年____月___日
车型代码：_____　　底盘号码：_____　　发动机号码：_____
合格证号码：_____　　联系地址：_____
固定电话号码：_____　　手机：_____　　　销售顾问：_____

车况检查					
外观良好		车内外整洁		装备齐全	
随车附送的资料和物品核对					
保养手册		服务网通讯录		首次免费保养凭证		售前检查证明	
备胎		主、副钥匙		天线		千斤顶	
螺钉旋具		故障警示牌		烟灰缸		点烟器	
安全使用说明书							
证件及单据点交							
发票		纳税申请表		合格证/行驶证		身份证/暂住证	
保养单		三包凭证					
车辆使用讲解							
座椅/转向盘调整		后视镜调整		电动窗操作		空调、除雾	
音响系统		灯光/仪表		发动机舱盖/油箱盖操作		刮水器、喷水	
油/冷却液/防冻液及燃油标号				其他装备、安全气囊/GPS 导航/DSG/ESP/行车电脑			
一汽大众热线电话		24 小时救援热线		服务中心电话			

服务顾问：

　　祝贺您拥有一汽-大众品牌汽车，能为您提供真诚的服务，是我们华阳大众汽车销售服务有限公司的荣幸。
　　祝您用车愉快！

车主签字：　　　日期：　　　　　　　销售顾问签字：　　　　　　　日期：

三、制订计划

　　根据所学知识，设计销售顾问尹红新针对客户王凯交车的工作计划。

_____
_____
_____
_____
_____

（续）

四、任务实施

1. 任务内容

　　根据所学知识，设计针对客户王凯购车交付的话术脚本，并能够模拟演练交车情景。

2. 任务实施步骤

　　◎将学生进行分组，10 人/组。

　　◎以组为单位，分配扮演角色。包括客户、客户家人及朋友；销售顾问及经销商代表。

　　◎以组为单位，不同角色各自分工，准备材料、交车仪式设计等，然后练习模拟交车活动。

　　◎实训评价。

新车交付话术

销售顾问尹红新	客户王凯
尹红新：	王凯：
尹红新：	王凯：
尹红新：	王凯：
尹红新：	王凯：
尹红新：	王凯：
尹红新：	王凯：
尹红新：	王凯：
尹红新：	王凯：
尹红新：	王凯：

五、任务检查

　　实训任务指导教师根据任务实施结果进行评价。

序号	评价标准	完成情况	
		是	否
1	销售顾问告知车辆预计的交车时间，销售顾问的诚信达到客户的满意		
2	交车前准备充分：PDI 检查、车辆干净、车辆加油、小礼物等，并提前 24h 电话提醒：与客户确认交车时间、付款方式及金额，并温馨提醒客户携带相关证件与文件；向客户简要介绍交车流程及所需时间，强调能为客户带来的好处，提醒客户交车当天提前安排好时间		
3	提前 30min 把车停在交区		
4	接待客户行为比较规范：个人仪容仪表符合商务礼仪；面带微笑，热情欢迎客户到达；引导客户到休息区、提供饮品		
5	交车流程执行完整准确		
6	新颖的符合客户需求和特点的交车仪式		

（续）

六、评价反馈

根据任务实际完成情况进行自评和互评。

序号	评 价 标 准	分值	得分
1	交车前做好准备：PDI 检查、车辆干净、车辆加油、小礼物等	10	
2	交车车位的预留	5	
3	整理仪容仪表，准备好相关文件；面带微笑，热情欢迎客户到达	5	
4	交车流程执行完整、时间恰到好处	40	
5	交车仪式设计新颖：人员齐备、祝贺顾客成为新车主、合影留念等	40	
合计得分			

实训任务工单十　客户维系

学　　院		专　　业		班　　级	
学生姓名		学生学号		任务成绩	

一、任务导读

　　客户王先生爱车买了一周，他购买的是一辆奥迪 A6L 豪华版。销售顾问尹红新当天给客户打了电话，询问了王先生对爱车的感受，还问了有没有不会用的装备，欢迎随时打电话咨询。最后又告诉王先生，有朋友想买车的话，介绍给他，而且转介绍后公司会有礼品赠送。彼此交流非常愉快，并承诺王先生，公司有好消息及时通知到本人。请你以销售人员身份，结合上述情景进行客户维系？

二、知识分解

　　1. 客户维系（跟踪环节）的阶段目标是＿＿＿＿＿＿＿＿＿＿＿＿＿＿＿＿＿＿＿＿＿＿＿＿＿＿＿＿＿
＿＿

　　2. 客户维系技巧有哪些？
＿＿
＿＿
＿＿
＿＿

　　3. 请画出客户抱怨和投诉处理（现场投诉和电话回访投诉）流程图。

　　4. 请列表说明客户维系的时机、方式和理由。

时机	方式	理由

三、制订计划

　　根据所学知识，拟设计销售顾问尹红新针对客户王凯交车后的回访工作计划。
＿＿
＿＿
＿＿
＿＿
＿＿
＿＿

四、任务实施

　　1. 任务内容
　　根据所学知识，设计针对客户王凯喜提车一周内的电话回访话术脚本，并能够模拟演练回访情景。
　　参考资料如下：
　　客户王先生拥有爱车——奥迪 A6L 一周，用车愉快。销售顾问在需求分析环节了解到，王先生有一个儿子，今年参加高考，还知道王先生喜欢钓鱼。基于上述情况，销售顾问尹红新对客户王凯进行了电话回访。

（续）

2. 任务实施步骤
◎将学生进行分组，6 人/组，设计回访问卷脚本（要求电话回访中客户有抱怨，销售顾问要进行抱怨处理）。
◎组内（2 人/组）进行电话回访模拟演练。
◎实训评价。

电话回访的话术

销售顾问尹红新	客户王凯
尹红新：	王凯：
尹红新：	王凯：
尹红新：	王凯：
尹红新：	王凯：
尹红新：	王凯：
尹红新：	王凯：
尹红新：	王凯：
尹红新：	王凯：
尹红新：	王凯：

五、任务检查

实训任务指导教师根据任务实施结果进行评价。

序号	评价标准	完成情况	
		是	否
1	关注客户在经销店的购车体验		
2	询问用户的满意度，装备的使用情况		
3	与客户核算首保时间，进行首保提醒，告知客户售后服务预约的价值与优惠		
4	正确处理客户抱怨情绪		
5	回访流畅自然、抱怨处理得当，体现重视客户抱怨并及时处理		

六、评价反馈

根据任务实际完成情况进行自评和互评。

序号	评价标准	分值	得分
1	回访客户方式得到客户认可，与客户建立良好的关系	15	
2	回访客户问卷设计问题符合客户个人背景信息及用车情况	25	
3	回访客户流畅自然、语音语调适中、有亲和力	20	
4	回访过程中客户抱怨处理得当，并能够采用一定的方式和手段安抚客户情绪，提高满意度	20	
5	回访客户流程中电话礼仪规范	20	
合计得分			

 情境导入

　　该学习领域主要是在提案成交环节融入汽车金融（见下图）等相关业务，主要有汽车保险与理赔、贷款、二手车置换、精品及装饰装潢产品推荐等。学生通过对汽车销售各衍生业务流程及推荐技巧的学习，能够在满足客户需求前提下，合理为客户推荐各种衍生服务业务，帮助客户解决爱车、购车、用车等方面的问题。

汽车金融服务

实训任务工单一　设计汽车金融解决方案的实训

学　　院		专　　业		班　　级	
学生姓名		学生学号		任务成绩	

一、任务导读

　　需求分析环节，了解客户对具体车型、颜色、配置、款式及性能等方面的需求后，发现购车预算不是很充足。另外，根据汽车4S店一条龙服务体系，作为销售顾问的你还应该做哪些方案推介呢？

二、知识分解

　　1. 汽车金融主要分为＿＿＿＿＿＿＿、＿＿＿＿＿＿＿、＿＿＿＿＿＿＿。

　　2. 租赁产品主要有＿＿＿＿＿＿＿＿＿＿＿、＿＿＿＿＿＿＿＿＿＿＿两种形式。

　　3. 请画出汽车保险分类图。

　　4. 请阐述汽车4S店投保（经销商）与社会采购保险、电话车险优势与不足。

　　＿＿＿＿＿＿＿＿＿＿＿＿＿＿＿＿＿＿＿＿＿＿＿＿＿＿＿＿＿＿＿＿＿＿＿＿＿

　　＿＿＿＿＿＿＿＿＿＿＿＿＿＿＿＿＿＿＿＿＿＿＿＿＿＿＿＿＿＿＿＿＿＿＿＿＿

　　＿＿＿＿＿＿＿＿＿＿＿＿＿＿＿＿＿＿＿＿＿＿＿＿＿＿＿＿＿＿＿＿＿＿＿＿＿

　　5. 请阐述新车保险、续保业务流程及延保范围。

　　＿＿＿＿＿＿＿＿＿＿＿＿＿＿＿＿＿＿＿＿＿＿＿＿＿＿＿＿＿＿＿＿＿＿＿＿＿

　　＿＿＿＿＿＿＿＿＿＿＿＿＿＿＿＿＿＿＿＿＿＿＿＿＿＿＿＿＿＿＿＿＿＿＿＿＿

　　＿＿＿＿＿＿＿＿＿＿＿＿＿＿＿＿＿＿＿＿＿＿＿＿＿＿＿＿＿＿＿＿＿＿＿＿＿

　　6. 请阐述汽车消费信贷的基本要素。

　　＿＿＿＿＿＿＿＿＿＿＿＿＿＿＿＿＿＿＿＿＿＿＿＿＿＿＿＿＿＿＿＿＿＿＿＿＿

　　7. 请画出车贷产品模型图（可附页）。

三、制订计划

　　根据所学知识，拟设计一份购车客户的详细购车金融解决方案。

　　＿＿＿＿＿＿＿＿＿＿＿＿＿＿＿＿＿＿＿＿＿＿＿＿＿＿＿＿＿＿＿＿＿＿＿＿＿

　　＿＿＿＿＿＿＿＿＿＿＿＿＿＿＿＿＿＿＿＿＿＿＿＿＿＿＿＿＿＿＿＿＿＿＿＿＿

　　＿＿＿＿＿＿＿＿＿＿＿＿＿＿＿＿＿＿＿＿＿＿＿＿＿＿＿＿＿＿＿＿＿＿＿＿＿

　　＿＿＿＿＿＿＿＿＿＿＿＿＿＿＿＿＿＿＿＿＿＿＿＿＿＿＿＿＿＿＿＿＿＿＿＿＿

　　＿＿＿＿＿＿＿＿＿＿＿＿＿＿＿＿＿＿＿＿＿＿＿＿＿＿＿＿＿＿＿＿＿＿＿＿＿

四、任务实施

1. 任务内容

　　根据所学知识，自拟客户背景信息及购车情景，设计销售顾问尹红新向客户王凯推介保险、贷款及二手车业务等金融方案。

2. 任务实施步骤

　　◎将学生进行分4组，6人/组，设计金融方案推介话术脚本。

　　◎组内（2人/组）进行电话回访模拟演练。

　　◎实训评价。

（续）

金融方案推介的话术	
销售顾问尹红新	客户王凯
尹红新：	王凯：
尹红新：	王凯：
尹红新：	王凯：
尹红新：	王凯：
尹红新：	王凯：
尹红新：	王凯：

五、任务检查

实训任务指导教师根据任务实施结果进行评价。

序号	评价标准	完成情况	
		是	否
1	满足客户需求		
2	符合客户背景信息及用车状况		
3	能够正确计算汽车金融各类业务资金		
4	能够正确阐述汽车金融业务知识点		

六、评价反馈

根据任务实际完成情况进行自评和互评。

序号	评价标准	分值	得分
1	模拟演练顺畅自然	15	
2	推荐金融方案合情合理	25	
3	模拟演练语音语调适中、有亲和力	20	
4	金融方案推介理由充分	20	
5	体现增值效应	20	
	合计得分		

实训任务工单二　　汽车销售增值服务的实训

学　院		专　业		班　级	
学生姓名		学生学号		任务成绩	

一、任务导读

　　洽谈环节销售人员要进行产品确认，其中就包括产品的颜色、性能、配置及附加装备等方面，为了获得多赢局面，我们除了向客户推荐汽车金融业务外，还可以给客户推荐哪些方面的业务？

二、知识分解

　　1. 精品销售方式主要有＿＿＿＿＿＿＿、＿＿＿＿＿＿＿、＿＿＿＿＿＿＿。

　　2. 精品消费形式主要分为＿＿＿＿＿＿＿＿＿、＿＿＿＿＿＿＿＿＿两种形式。

　　3. 举例说明精品销售技巧。

　　_____

　　_____

　　_____

　　4. 汽车4S店经营汽车美容装饰业务的优势。

　　_____

　　_____

　　_____

　　_____

三、制订计划

　　根据所学知识，自拟客户购车情景，制订精品销售和美容装饰业务推荐计划。

　　_____

　　_____

　　_____

　　_____

　　_____

　　_____

四、任务实施

1. 任务内容

　　在洽谈环节，销售人员要进行产品确认，其中就包括产品的颜色、性能、配置及附加装备等方面，为了获得多赢局面，除了和客户推荐汽车金融业务外，还可以给客户推荐哪些方面的业务，具体内容是什么？（要求：符合客户购车的真实状况）

2. 任务实施步骤

　　◎将学生进行分组，4~5人/组。

　　◎自拟场景，编写洽谈话术并进行模拟演练准备。

　　◎每组选出一位销售人员、一位客户，模拟演练5min；其他组员作为观察员点评5min，教师点评5min。

（续）

精品及美容装饰业务推介的话术	
销售顾问尹红新	客户王凯
尹红新：	王凯：
尹红新：	王凯：
尹红新：	王凯：
尹红新：	王凯：
尹红新：	王凯：

五、任务检查

实训任务指导教师根据任务实施结果进行评价。

序号	评 价 标 准	完成情况	
		是	否
1	满足客户需求		
2	符合客户背景信息及用车状况		
3	体现精品销售技巧		
4	成功推荐美容装饰业务		

六、评价反馈

根据任务实际完成情况进行自评和互评。

序号	评 价 标 准	分值	得分
1	模拟演练顺畅自然	15	
2	推荐美容装饰业务合情合理	25	
3	模拟演练语音语调适中、有亲和力	20	
4	精品推介理由充分	20	
5	至少使用一种精品推介技巧	20	
合计得分			

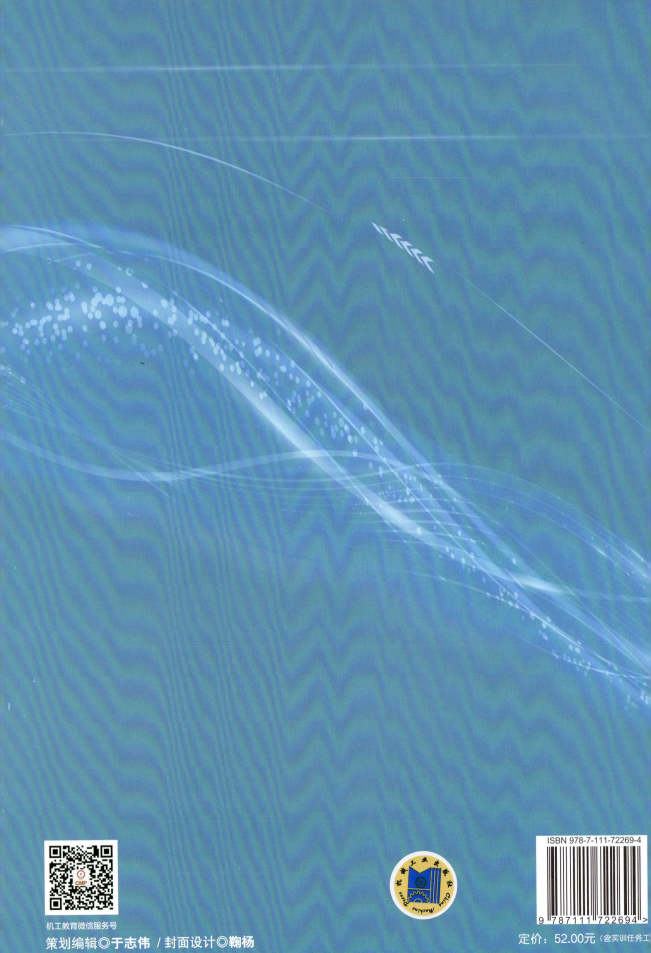

ISBN 978-7-111-72269-4

机工教育微信服务号

策划编辑◎于志伟 / 封面设计◎鞠杨

定价：52.00元（含实训任务工